モハメド・アリとの異種格闘技戦（1976年6月26日・日本武道館）
「世紀の一戦」は試合後、世間やマスコミから強烈な批判を浴びることに。
失意のどん底の猪木を立ち直らせた逆転の発想法とは？

提供：東京スポーツ新聞社

ブルーザー・ブロディとの初対決（1985年4月18日・両国国技館）
試合開始直後、相手との間合いを探るヒリヒリとした緊張感が伝わってくるシーン。
提供：木村盛綱／アフロ

ドン・フライとの引退試合（1998年4月4日・東京ドーム）
猪木のプロレスラーとして最後の試合。55歳とは思えぬ跳躍力を見せつけた延髄斬り。
提供：東京スポーツ新聞社

突然の参院選出馬
（1989 年 6 月 20 日・後援会事務所）
「スポーツ平和党」を結成して参院選比例区に出馬。99 万 3989 票を集めて史上初のレスラー出身国会議員となる。
提供：東京スポーツ新聞社

病と闘うアントニオ猪木
（2021 年・入院中の病床にて）
難病「心アミロイドーシス」と闘う病床の猪木。数々の修羅場をくぐり抜けてきた猪木はここでも前向きに難敵に挑む。
提供：コーラルゼット

リング上で恒例のダァー！
（2004年7月19日・札幌月寒グリーンドーム）
1990年2月の東京ドーム大会で初披露された「1・2・3　ダァー！」。
以来、猪木の代名詞として、日本中に元気を与え続けてきた。
提供：産経新聞社

青春文庫

最後に勝つ負け方を知っておけ。

アントニオ猪木

青春出版社

文庫化に寄せて――負けてなおマウントを取るアントニオ猪木の恐ろしさ！

棚橋弘至《たなはしひろし》

僕は怒ってました。

心底怒ってました。

誰に対して怒ってたのか――猪木さん、あなたに対してです。

いまから20年前の2002年2月1日、札幌大会で全試合が終わった直後のこと。当時、新日本プロレスのオーナーだった猪木さんは、再びリングに上げられた主力選手たちに向かって、一人ずつ「オメーは怒っているか⁉」と問い質《ただ》しました。通称〝猪木問答〟と呼ばれる出来事です。まだデビューして2年あまりの若造だった僕も、大勢の観客が注目する中、リングに上げてもらっていました。

当時、総合格闘技人気が高まっていて、新日本プロレスも格闘技路線を走り始め、反発した選手が離脱するなど、団体が迷走している時代でした。

本来はプロレス側にいるはずの猪木さんが、格闘技イベントのプロデューサーに就いてプロレスラーを引っ張り出したり、プロレスはだらしないぞ的なメッセージを発したりしている。プロレスラーよ、もっとしっかりしろよと檄《げき》を飛ばしたかったんでしょうけど、明らかにマイナスに作用していた。だから、僕の中での答えは「あなたに対して怒ってます!」だったんです。

……だったんですが、一《いち》若手レスラーがそんなこと言えるはずがないし、質問にまともに答えたら負けだなとも思っていたので、僕は猪木さんをにらみ返しながら、「僕は新日本のリングでプロレスをやります!」

って言い返したんです。答えになってないですね(笑)。

でも、本当に猪木さんに対して怒ってたんです。

あれから20年たって、猪木さんの立場もよくわかるようになりました。〝プロレスこそ最強の格闘技〟とぶち上げていた猪木さんにとって避けて通れない道だったのだろうと思います。それに何より、いまとなってはあの出来事は感謝しか感じていない自分がいます。というのも、あそこで猪木さんに問い質されたことで、棚橋弘至というプロレスラーの輪郭がはっきりとできあがったからです。あそこで宣言したことをずっと貫いてきたからこそ、いまの僕があるんです。

僕こそ猪木イズムの正統な継承者だ

猪木さんと僕とでは、プロレスのスタイルが真逆のように言われてきました。「棚橋は新日本プロレスらしくない」と批判されてもきました。

新日本プロレスの道場にあった猪木さんのパネルを外したのも棚橋だと言われてます。実際に取り外したのは小林邦昭さん（元プロレスラーで、道場の管理人）なんですけどね。まあ、「もうそろそろ、いいんじゃないですか？」と言ったのはたしかに僕なんですが。

これには後日談があって、数年前の大掃除でゴミに出されていたんです。巡業から帰ってきてそれを知った僕が、急いで道場裏の清掃局に行って、処分される寸前だったパネルを救い出しました。だから、僕は猪木さんのパネルの救世主なんです。いまは全国で行われているシンニチイズム（新日本プロレス50周年記念展示イベント）の会場入り口で、新日本プロレスの象徴として華々しく飾られています。

それはともかく、僕は反猪木派と思われてきました。だけど実際には、猪木イズムを一番継承してきたのは、僕だと思ってます。

猪木さんは「環状線理論」を提唱していました。環状線の中のコアなファンだけでなく、その外側にいる人たちを引き込むことがプロレスを盛り上げるには必要だという集客理論で、だからこそ異種格闘技戦や旧ソ連のアマレス選手らをリングに上げるなど、常人には思いもつかないことをどんどん仕掛けていったのでしょう。

僕も、新日本プロレス低迷期にプロモーション活動で奔走していた時、プロレスファンに対して喋ってなかったんです。プロレスを知らない人に向けてプロレスの魅力を広めようとしていたので、知ってる前提の話はいっさいせずに、一から丁寧に、プロレスとはこういうもので、自分みたいにいい体をしたカッコいい男（！）が出てるんで、ぜひ見に来てください、とやってたんです。

プロレスって多くの人は怖いとか痛そうといった負のイメージを抱いている。そこでいかついプロレスラーがプロモーションしても、そのイメージは壊せない。だからプロレスラーから一番遠いチャラチャラした僕が、服装にも気をつけて、プロレスのイメージをあちこちで壊しまくるっていうことをやってきた。その成果もあって「プ女子」（プロレス好きの女子）なんて言葉も生まれた。少なからず現在のプロレス人気に貢献してきたという自負があります。

そういう意味でも、新日本プロレスでポスト猪木の環状線理論を有言実行してきたのは、誰あろう棚橋です。僕こそが猪木イズムの継承者なんです。

負けてもマウントが取れる生き方

この本にもあるような猪木さんの波瀾万丈な生き方は、めちゃめちゃカッコいいなって思います。生き方がすでにエンターテインメント。まあ、そのぶん、周りの人はすごく大変だったと思うのですが（笑）。

プロレスって、その人の生きざまが表れる競技だと思います。だからこそ、一レスラーとして、現役時代の猪木さんと戦って、猪木さんのレスラーとしての生きざまを感じてみたかった。

秘策もあります。開始のゴングが鳴って、互いの間合いを探るヒリヒリした緊張感が最高潮に達した時、ロックアップ（組み合う）寸前に猪木さんにビンタをかます！　これですね。これができたらあとはボッコボコにされて負けても、「猪木を張った男」としてプロレスの歴史に名を刻めます。僕の勝ちですよね。

試合に負けても勝負で勝つ。これって、プロレスの醍醐味だと思うんです。

1994年に猪木さんは天龍源一郎さんと東京ドームで戦って、パワーボムで負けました。負けたんですが、試合の途中でスリーパーホールドで天龍さんを一度落としている（失神させている）。そうなると、ファンとしては、天龍は1回落ちてるじゃん。猪木勝ってたじゃん、となる。試合には負けたけど、ただでは負けない。いい、いい、いい、負けてなおマウントを取るという猪木さんの恐ろしさ！

僕がとくに衝撃を受けた試合は、大学時代に観た、東京ドームでの猪木対ビッグバン・ベイダー戦（1996年1月4日）。当時、猪木さんはもう50歳を過ぎていたはずなんですが、ベイダーのジャーマンスープレックスをまともに受けて、首がグシャッと折れ曲がった。マットで仰向けになる猪木さんは唇カッサカサで、死んじゃうんじゃないかと心配になったくらい。でも、最後には勝っちゃう（腕ひしぎ逆十字固めで勝利）。あとで聞いた話ですが、猪木さんは試合中にベイダーに「もっとやれ」とけしかけていたらしいですね（ベイダーも試合中、あんなえげつない攻撃をしながら、対戦相手にカタコトの日本語で「ガンバッテ」とよく言っていたようですが）。猪木さんは試合が盛り上がるなら、自分がどんなに痛めつけられようが構わない。でも、最後は全部自分が持ってっちゃう。そりゃマネできないですよ。

いま当時の猪木さんの年齢に近づいて

この本、もともとは猪木さんが47歳の時に書いたものらしいですね。僕はいま45歳。当時の猪木さんの年齢に近づこうとしています。

当時の猪木さんの年齢に近づいた僕にとって、あらためて猪木さんとはどんな存在か。間違いなく「恩人」ですね。この20年の間には猪木さんへの反発もあったけど、結局、それも猪木さんがいるからこその話。猪木さんが太陽のように中心にあるから、いろいろなことが起こって盛り上がる。太陽がなかったら、そのまわりは回れないわけですから。

大きなくくりで言えば、プロレスというジャンルを広めてくれて、僕がプロレス好きになって、プロレスラーになって……ということを考えると、ほんとにもう、根幹をただせば、猪木さんのおかげでいまの僕がいる。

そういう意味で、猪木さんに関わった人、プロレス好きになった人っていうのは、みんな恩義を感じてるんじゃないかな。

あえてアントニオ猪木の生き方に異を唱えるとしたら、誰も猪木さんを超えられなかったこと。超えさせなかったこと。それをできる人材がいなかったということでもあるのですが。でもまあ、いないでしょ、あれだけのキャラクターを超せる人は（笑）。それが、僕が考えるアントニオ猪木の功罪の唯一の罪《ざい》の部分かなって。

さっきも書いたように、プロレスラーとしてのスタイルやパネルを外したことなどから、僕は反猪木派だと思われてきたところがあるけれど、僕こそが猪木イズムを継承してきたド真ん中の人間です。そもそも、僕の名前の「弘至」は、猪木さんの本名「猪木寛至《かんじ》」から「至」の字をいただいたって話を、あとになって猪木ファンだった父から聞いた。そりゃもう運命決まってたんじゃん、と(笑)。

だから、僕もこの本で猪木さんがその極意を書いているように、どんなに負けようが、苦しい思いをしようが、「最後に勝てばいい」。そんな猪木さんの生き方を手本に、まだまだ現役レスラーとしてもうひと花、ふた花咲かせたいと思っています。20年前にちゃんと答えられなかった〝猪木問答〟、いまなら迷わずハッキリ答えられます。

怒ってます。猪木さんの、

「誰も超えさせない、その大きすぎる存在に対して」

2022年5月

〝100年に一人の逸材〟**棚橋弘至**

目次

文庫化に寄せて――負けてなおマウントを取るアントニオ猪木の恐ろしさ！　棚橋弘至

1章 本当に強い人間は〝負け方〟がうまい

みんなが反対するから俺はやる　17／プロレスも交渉も〝受け身〟が取れると簡単には負けない　20／自由の不便さ、不自由の面白さ　28／「闘魂」に込めた真の思い　35／同じ実力なら絶対に勝つ秘訣　38／常に100％の力を出せる奴、50％で終わる奴の違い　42／偉い人と話す時ほど自分の信念を貫け　48／初対面の人間とも一気に関係を深めるコツ　56／この〝信じ方〟を知っている人間は強い　63

2章 〝心の貧乏人〟になるな

不安、自信がない……マイナスな自分をプラスに変える法　73／自分の感覚をもっと研ぎ澄ませ 77／自分を縛る〝小さなこだわり〟に気づく 84／いくつになっても野望を持つことの意義 89／運命は従うのではなく、踏み台にする 93／たった一つの自信から一〇〇倍の見返りを得る 95

3章 苦しい時ほど、かしこく開き直れ

引き分け、負けも全部勝ちに変える発想法 103／離婚のエネルギーから俺が学んだこと 107／辛いことから逃げ出す時、踏ん張る時 115／お金は儲けようとするほど逃げていく理由 122／若い人がついてこない組織にはワケがある 128／バクチ体験で知った自分への賭け方 131

4章 「下座《げざ》の心」を持てば、人生ラクになる

臆病が力になる〝一歩退く勇気〟 139／ベッドの中にいては〝外の景色〟は見えない 145／とことん〝バカ〟に徹してみよ 151／苦しい時こそ、逆に人の心をつかむチャンス 157／カッコ悪い自分を武器にできる人の強み 164／負けた自分を想像できる人間であれ 168

5章 最後まで自分を裏切らない生き方

自分をダメにする真実、伸ばすウソ　183／最低これだけは自分を裏切ってはいけない　190／憎しみは持ち方しだいですごい力になる　198／イヤな自分が〝誇れる自分〟に変わる瞬間　207／怒りのエネルギーを持っているか　209／自分に正直に向き合える人間が結局、最後に笑う　213

本文中に付された※1～25は、それぞれの章末に注釈を載せています

本文DTP／エヌケイクルー
協力／コーラルゼット　甘井もとゆき

1章

本当に強い人間は〝負け方〟がうまい

可能性が五〇%もあれば、
十分すぎる。
なんでも面白く
やってしまおうというのが俺の主義。
恥をかくことに慣れ、
恥をかくことを恐れないことだ。

みんなが反対するから俺はやる

俺が議員[※1]になると言い出した時は、みんな「冗談でしょ」って顔をした。いくらプロレスで知名度はあっても、当選なんかするわけがないだろうと。

でも俺はみんなに言った。「これは天の声だ」と。

俺の父親は、昔、横浜で市会議員をしていた。吉田茂（故人・元総理大臣）の自由党結成に参加して、財産をつぶしてしまったくらい政治が好きだった。だから俺の血の中には、政治家の血が流れている。プロレスラーになってからも、いつの日か政治家になるのが夢だった。世界の環境問題や人口問題については、ずっと前から手掛けているし、レスラーとして世界を転戦しながら、スポーツ交流による平和の実現を訴えてきた実績もあった。

だから、まわりが選挙出馬にどんなに反対しても、俺が取った行動には自分自身強い必然性があると思ったし、当然、口には出さなかったが、勝てるという自信もあった。俺にとっては、そういった意味を含めての〝天の声〟だった。

ソ連[※2]のプロレスラー養成の件も、やっぱりみんなは大反対だった。「そんなこと、できるはずがない」と。

なにしろソ連という国は、ゴルバチョフさんになってペレストロイカ[※3]やグラスノスチが進んだけれど、それまでは鉄のカーテンの中。なんにもわからない。いまだってわからないと思っている人は多いと思う。

そんなところへ乗り込んで話をつけようというのだから、みんなが「やめとけ!」の大合唱。「猪木は、サトウキビ[※4]のほかにソ連でも莫大《ばくだい》な借金を作るのか」って。それに、間に入っている人間もなんかウサンくさいとね。

でも、ソ連のアマレス選手を中心に、プロレスに興味があると聞いた時、俺はピンときた。みんなが反対することほど、それが実現した時の実りは大きい。苦労はあるだろうけど、十分に報われる。それが史上で初めて、誰も手掛けたことがないことならなおさら。たとえ金は儲からなくてもいい。月面着陸第一号と同じなんだ。

それに、ビジネスの世界には「人の行かぬ道に花あり宝の山」ということわざもある。他人の後追いばっかりじゃ面白くないしね。そこで俺はみんなに言った。「みんなが反対するから俺はやる。とにかく一回乗り込んで様子を見よう」と。そこで、すぐに倍賞鉄夫[※5]部長とマサ斎藤を先発でソ連に行かせた。

ところが、電話回線が非常に悪くて、連絡が来ない。行ったきりで、何もわからない。会社の人間はこの話にもともと反対だし、「それ見たことか」という顔をしている。俺は巡業が終わって一〇月三〇日にソ連に発つことにしていたんだけど、前日の二九日まで連絡が取れない。

さすがに俺もイライラして、「いったい行けるのか行けないのか？」と頭にきてたら、発つ前の日にようやく先発隊から連絡が入った。

「とにかく来てください。何も言わないで来てください」

「よし、わかった」

未知のところへ飛び込むために先発隊を行かせたのに、「何も言わないでとにかく来てください」というのだから困ったものだ。普通なら用意周到に準備を整えて行くのがうまいやり方なんだろうが、とにかく行ってみないことには道は開けない。

「よし、わかった」は、自分自身に対する俺の決意の表れでもあった。

プロレスも交渉も〝受け身〟が取れると簡単には負けない

ところが、その時はまだ実際には全然話は進んでいなかったんだ。マサ斎藤が向こうのアマレス選手を道場に集めて、プロレスができるかどうか基礎テストをしていただけだったんです。

行ってみたら、なるほどソ連の組織はなんだかよくわからない。いままで日本人が誰も踏み込んでいない領域だけのことはある。やたら総裁とか委員会議長とかが出てきて、話の当事者は誰が誰だかわからないんです。スポーツ委員会とか、格闘技連盟とか、システムが難しい。日本の組織の感覚じゃ通用しないんだ。

ラチが明かないから、一番力を持っているという格闘技連盟のソプノフという局長にアタックした。この人はプロレスをよく知っている。好きだという。日本に来て、実際にプロレスを見たこともある。ところがプロレスを知らない連中がいっぱいいる。もう、最初から反対の構えだ。ソ連側の新聞記者も来たけれど、一様にプロレスというものをウサンくさく見ているのは明らかだった。

いろいろ説明してもわからない。そのうち「プロレスというのは、八百長じゃないのか?」なんて話がかみ合わなくなってきた。

「ショー的要素はあるけど、八百長じゃない」

そう言っても、連中にはこの微妙な感覚の違いが理解できないらしかった。

そんな微妙な話を、通訳をまじえてやるのはイヤだなと思って、「そういうことはどうでもいいから、とにかく俺の話を聞いて判断してくれ」ということで、俺は演説をぶったんです。

「まず第一に、プロレスとは選び抜かれた人間同士が戦う。その選び抜かれた同士が、感性と表現力を最大限に発揮しながら、お互いの信頼の上で戦うのだ。しかもプロレスは、攻撃一本槍ではない。攻めて攻めて相手を打ち負かすアマレスと違って、相手の攻めを受けて受けて受けまくるところにも美学があるんです。だから強いプロレスラーというのは、相手の選手に得意技をどんどん使わせ、それをトコトン受けて見せてから、最後に相手をこちらの得意技で仕留める。だからこそ観客はコーフンする。プロである以上、入場料を取って技を見せる以上、レスラーの持つ感性と表現力が大事になる」

英語ではこれを簡単にショーアップという。ショーアップというと誤解される向きもあるが、サミー・デイビスJr.[※6]の芸、あのショーアップぶり、エンターティナーぶりはすごい。つまり見ている人を酔わせ、魅せるのがショーアップなんだ。プロレスラーには、こういう要素も必要なんだ。

これは余談だけれども、世界の一流レスラーというのは、みんな必殺技、強さのほかに、観客を魅せるものを持っていた。メインイベンターを張れるのは、そうした〝華〟を持った選手ばかりだ。ところが、強いだけで魅せる要素に欠けているレスラーは、世界の一流にはなれない。昔、カール・ゴッチ[※7]というレスラーがいた。世界最強の男だったが、ショーアップができないので、プロモーター（興行主）からお声がかからないのだ。

カール・ゴッチといえば、俺のプロレスのお師匠さん。そして藤波も長州も前田も、日本の一流レスラーは多かれ少なかれゴッチさんの指導を受けている。だからこれは悪口じゃなくて、プロレスというものの真髄を突いているわけなんだね。そうわけで、ゴッチさんは若くしてプロレスのリングからは引退してしまった。その後はずっと後進の指導をしているが、こちらのほうはすごい。とくにサブミッション（関節技・極技《きめわざ》）なんか、これはもう天下一品。前田はそのゴッチ流を真似てるんだけど、さて、将来的にはどうかな。

〝人間風車〟を得意技にしたビル・ロビンソンもその口だった。抜群に強かったけど、エンターティナーじゃなかった。

感性と表現力、怒りとか感激とかをどう表現していくか——これはプロレスではとても大事なことなんです。

それから、俺はソ連の連中に対して、「受け身」の大事さを説いたんだ。「受け身」がなぜ大事かというと、プロだから毎日試合をしてなきゃならない。相手の必殺技をもろに受けたら、いくら鍛え上げたプロレスラーだって命を落としかねない。毎日毎日命を落としていられないから、自分を守るという意味でもこれは大事ですよ、と。

そしてもう一つは、先ほどの感情と表現力に関係してくるんだけど、プロというのは、投げられながら自分のダメージをいかに少なくし、しかもいかに美しく見せるか、ということ。「攻撃については、ソ連の選手はオリンピックで金メダルを独占するくらい強い。絶対にひっくり返らないということを練習しているわけだから言うことはない。でも、この受け身というのはもっとも重要ですよ」と。

俺は「受け身」と「攻撃」、「感性と表現力」、それから「信頼」という四つのテーマを挙げて説明したんだけど、最後の「信頼」ということ、これにも力点を置いた。「相手と組んで相手が投げにきた。それを受けるのに、頭からもろに落とされちまったらどうなるか、相手に攻めのチャンスをやったのに、本気で腕を折られちゃったらどうするか、とか、そういう問題が必ず出てくる。だからこそ四つ目の信頼ということが大事なんだよ」と。

プロなんだから、要するにギリギリの線で戦わなければいけない。でも絶対的な信頼関係というのは、殺しちゃいけないということ。相手にケガをさせる場合はいっぱいありますけど、それでもプロであるという暗黙の掟《おきて》というか、ルールがある。

「この四つを守れたら、俺たちは一万人も二万人もいる満員のお客さんを自分の手の上に乗せることができる。お客さんに怒りとか感激とか、いろんなものを与えることができる。その時の楽しさというか満足感は、たとえようもないほど素晴らしい。ハラショーだ！」

そう言って話を結んだら、聞いていた連中がテーブルを叩いたね。「俺たちはそれをやりたかったんだ！」というわけでね。そこから話はスムーズにいって、「じゃ、やろう」という方向に進んだのです。

とにかくやろうということで、「四月二四日に東京ドームで日米ソの対抗戦という形でやる。ソ連はそれに選手を送る」というところまで話が煮詰まった。そしていよいよ契約……という段になって、またまた話がややこしくなってしまった。

当時のソ連には、スポーツ委員会の中にもいろいろ複雑な窓口があって、契約になった時に「ソ・インタースポーツ」という契約だけする会社が出てきた。

そこの連中が言う。

「どこどこの国に貸し出したサッカー選手は、契約金が何億だった。アイスホッケーの選手の場合は何億で契約した……。だからプロレスの場合も、億の単位で金をもらわなければ契約できない」

その上、興行した場合の売上の取り分は何%……とか、ややこしいところにぶつかった。その時は仮契約みたいなもので日本に帰ってきて、三月にもう一度訪ソした。そして本契約に立ち会うと、やっぱり前と同じで話にならない。全然。俺も頭にカーッときた。なんてガメつい連中なんだと。やっぱりかつて中立条約を破棄して日本を攻め、北方領土の四島を切り取った国か、と思いましたよ。

「ダメだダメだ。これじゃ話にならん。この話、もうやめよう！」。俺は書類をぶん投げた。相手は「なぜだ？」と言う。

「なぜかっていったら、俺たちはあなた方のために一生懸命やってるんだ。海のものとも山のものともわからないのに、どうしてそんなにカネ、カネ、カネと言うのか？俺たちだって商売だから儲けたいんだ。これをキャンセルすることによって、おそらく我々は致命的な痛手を負うかもしれない。その代わりあなた方も、国家的レベルの問題として大損害を受けるんだ。そんなことならもう結構だ！」

相手はなおも「どうしてだ？」と食い下がったけど、「もういい、俺は帰る！」と、書類を投げてホテルに帰ってきちゃった。これは駆け引きなんかじゃない、ホント俺は頭にきたんだ。

そしたら、ソ連内務省のバグダーノフという高官から「もう一度話を聞きたい」という連絡が入った。俺はすぐ会いに行った。泣く子も黙るクレムリン何号とかいう建物で、日本人としてここに入るのは俺が初めてだという。そこで俺は、以前話をしたプロレス論に加え、北方領土の問題や、日本人がソ連をどう見ているかなど、ありのままを正直にぶちまけた。

そしたらバグダーノフさんが、「あんたの言うことは正しい」と賛成してくれた。「私はとにかく全面的にバックアップするから心配するな。選手はとにかく送る」ということで約束ができた。

バグダーノフさんはその約束をチャンと守ってくれました。言葉どおり、ご存じのチョチョシビリ[※8]らを送ってきてくれました。そこでバグダーノフさんとのつながりができたわけです。それはずっとあとのことになりますけどね。

こうして、とりあえず一九八九（平成元）年四月二四日の試合は大成功に終わった。イベントとして、ソ連側もずいぶん評価してくれました。その後何回か訪ソしたんですが、そしたら契約の話なんかもう、どこかにいっちゃっていました。「いくら（金を）よこさなきゃやらない」とかいうよりも、俺が言ってる〝交流〟という意義のほうが大きいと、向こうが判断してくれたんですね。むろん、契約は契約でチャンとやりました。最初の約束がありましたからね。

こんなことがソ連との交渉のきっかけだったんです。

自由の不便さ、不自由の面白さ

選挙に出る前、俺の心の中には二つの夢があった。

一つは、世俗を離れて坊さんになり、シルクロードに入ろうかという夢。もう一つは政治の世界に入る夢だった。

自分自身、プロレスの世界ではかなりの峠をいくつも越えて、とうとう山頂近くまで来てしまった。さらにもっと高い峠を目指そうか？　と己を振り返った時、もうそんなに若くないし、また体力も落ちている。そこでプロレスの道からどう身を引いていくか、つまり花道の作り方だけど、それはいろいろ計算はある。やはり「ああ、さすがに猪木らしい引きぎわだな」と世間のみなさんから言われるような引き方をしたい。

そこでまず浮かんできたのが、シルクロードの世界。プロレスとはいっさい無関係の世界、諸行無常の響き。お釈迦様とか三蔵法師とか、ああいう人たちが歩いた道、世のため人のためになるものはどこにあるのか？　仏を求め、自ら仏になる道、その同じ道を歩いて追い求めてみたい――。

こんな気持ち、ずーっといつも心の中に持ち続けていた。だからこの発想は全然違和感がなくて、スーッと湧いてきた。

墨染めの衣を着て道なき道、あるのは水の一滴もない砂漠や、万年雪に覆われた極寒の山稜《さんりょう》……。西遊記の世界を行くようなものだから、相当の覚悟がいる。それには、これまで築き上げた地位とか名誉とか、生活、金、もろもろの執着などいっさいかなぐり捨てていかなければならないでしょう。

これこそまさに自由の世界だーというわけ。でも、現代は三蔵法師の時代と全然違う。文明・文化が発展し、車という文明の利器や、通信手段も発達している。だから俺の坊さん修行も、それなりにマスコミに乗っかってしまう。完全なる自由を追い求めた結果が、結局はまた元の木阿弥《もくあみ》、〝不自由〟とか〝制約〟の世界の中に引き戻されてしまう。また、これをやることによって、俺にとってはまた違った一つのバリュー（価値観）がついてしまうことになる。

こちらに比べたら、政治家になる夢というのは、これはもう最初から制約の中に飛び込んでいくようなもの。

それに、当時はもう一つ、俺には結婚という大事な問題があった。女房、子どもがいれば、当然時間的な制約、家庭的な制約、人道的な制約といった、さまざまな制約が生じてくる。人生がんじがらめ。「結婚は人生の墓場だ」なんて格言もあるらしいけど、たしかに制約という点では言えてると思う。

でも俺は結婚の道を選んだ。二番目の女房と別れたあと、その思い出を引きずって一生独身で暮らそうか……なんてこともチラッと頭に浮かんだけど、俺はそんなに道心堅固《どうしんけんご》じゃない。人間なんて根は孤独。一人じゃ長い人生をとうてい生き続けられない……と、そう判断したわけだ。

結婚するとなると、すぐさま〝一家の長〟としての責任と義務が生じてくる。女房、子どもをほったらかしにして、俺一人が三蔵法師の世界にひたれるわけじゃない。となれば残る選択肢は一つ。政治の世界に打って出ること。

しかし、がんじがらめの世界にいようとも俺はいまでも自由だ。〝心の自由〟があるから、ホント、気ままに自由にやらせてもらっている。女房ともお互いに話し合って、理解してもらい、寸暇を惜しんで自由に飛び回らせてもらっている。たぶん、昔の俺だったら、家庭の理解なんて関係なしに、「俺は行くんだ」と飛び出していったことだろう。それはつまり、俺もトシと経験を積み重ねることによって、自由の不便さ、不自由の面白さを知ったからだ。

人間は、しょせん一人では生きていけない。敵であれ味方であれ、仲間がいなくては生きていけない。仲間がいれば、そこに必ずルールができてくる。暗黙の了解というやつで、それがマナーになる。

制約、つまり不自由の中でやるほうが、よっぽど面白い。だからここで言う「自由」というのは、ルールとか時間とかの制約のあるなしじゃなくて、ハートの中にこだわりがあるかないかということじゃないかな。「自由」とは、「こだわらない心」のことだと解釈している。そういう意味では、俺もかなり自由に生きてるほうだと思いますけどね。自らの心の中にこだわりを持って、それで「自由がない」と叫んでいる人もいるようだけど、人間、やろうと思えばなんでもできますよ。

自分の自由を得るためには、それなりの努力が必要なんじゃないかな。ただ「俺は自由が欲しい」と声高に叫んだところで、それは与えられないだろう。お金儲けには投資が必要、宝くじも買わなきゃ当たらないのと同じで、人間の自由を得るためにも、それだけの投資と同じような努力がなくちゃならない。

いまはみんな、本当に自由奔放に世界を飛び回っている。では心の中に自由の幸せを感じているかというと、そうでもない。そりゃたしかに、気軽に海外旅行もできるけど、結局、心の中の自由を持っていないと俺には見える。外見だけは自由奔放にやっているようだけれどもね。

欲を捨て、本当に解放された心、とらわれない心になれば、どんな状況にあっても自由なんだ。

人間、誰しも欲がある。出世もしたいし、お金も欲しい。俺も政治家になった以上、総理になりたいと思うし、外務大臣になりたい、次官にもなりたい……と、いろんなことがあるわけです。人間ですから。

でもそういうことはあるけど、俺が政治家になって歩んでいる時に、それがどうしたの？　ということを思った時に、政治家になって自分は何がやれるか、と思いめぐらせてみた。

するとおのずから結論が出た。「欲望がからんでいるために、自分の世界を小さくしているな」と。大臣なんて、まあ、なれればなってもいいけど、だからそれがどうした、という開き直り。そういう発想に変わると、すべてが自由でラクになる。

そうじゃないと、たとえば派閥の親分にゴマをすらなきゃいけないし、議員会館の廊下を歩いていても、誰かのご機嫌を取らなきゃいけないとか、常にそういうところに入っちゃうんですね。でも、そういう執着を捨てると自由になれる。

総理は総理で偉い人だし、大蔵大臣（財務大臣）も尊敬するけど、なに、一個の人間として、一人の男としては対等だ。
これは誰に対しても同じ。俺は世界中を飛び歩いて、キューバのカストロ[※9]首相にも会えばニカラグアの大統領にも会う。ソ連ＫＧＢの高官にも会う。すべて対等の立場で話をします。自分の立場が自由だと、相手も首相でも大統領でもなくなって、一人の男と男の話になる。話し合っているうちに、本来は住んでいる世界が違うはずなのに、ある一点で話が合うとフッとお互いに世界が変わっちゃう。国を超え、政治的立場を超え、男と男の共通認識ができるんです。

政治の世界というのは、本来、「格付け」ということがすごくモノを言う世界だ。実際に入ってそれがよくわかった。俺はその世界で格付けなしで政治家として歩いている。でもね、世界のトップと会っていると、自分が望まなくても自然に格付けができてしまう。そして、いつの間にかその格付けに縛られていく。そこに気がつかないでいると自分が堕落してしまう。だから、そこでまた自分を洗い直していかないといけない。人間、そういう繰り返しじゃないかと思います。

「闘魂」に込めた真の思い

参議院議員選挙――

俺にとって、これほど感激的な経験はいままでなかった。俺の人生で、アリ戦[※10]といろいろ節目はあったけれど、この選挙の感激はとくに大きい。これが一番新しい感激だから印象が強いとか、そういうことじゃなくてね。

それは、この選挙がプロレスのように俺一人の、あるいはセコンドとか関係者だけの感激じゃなくて、候補者本人、家族、選対本部に詰めてくれた人々、そしてたくさんの支援者たち、みんなの感激だったからだと思う。

最後のヤマ場では、テレビの取材は全部来る、新聞社は来る。勝つのか負けるのか、支援者も含めて、全員がかたずを飲んでテレビ画面の開票速報を見詰めている。一瞬一瞬の変化、緊迫した時間が過ぎていく。俺の頭の中では、まるでサッカーのゲームを無声で見ているような感じだったね。そして最後の一瞬！「当確」。ゲーム終了のホイッスル寸前で試合を決める一点がゴールを割った！　そんな感じの大歓声で俺はハッと我に返った。

そのあとの感激、感動……。これはもう筆舌《ひつぜつ》に尽くせない。この感激は、一度味わった人は忘れられないと言われるが、俺もそうだった。

俺が参議院議員の選挙に出馬を決めた時、どのように選挙戦を戦うかとみんなで考えた。その時、俺は「『国会に卍固《まんじがた》め』のキャッチフレーズで行こう」と主張した。あるいは『消費税に延髄斬《えんずいぎ》り』というのはどうかと。ところがまわりの人間はこぞって反対した。

「そういうことは〝お笑い〟になるからやめましょう」と。「国政選挙に対して、取り組む姿勢が不まじめだって言われかねません」

俺はもちろん抵抗した。きっと、その時みんなはアントニオ猪木からプロレス色を消し去り、政治家志望にふさわしいイメージをつけようと考えたのでしょう。

「でも俺は違う。俺はプロレスラーだからこそ存在価値がある。俺から〝俺らしさ〟をなくしてしまったらダメなんだ」

と主張した。俺はまだ国会議員でもなんでもないただのプロレスラー。そのレスラーがレスラーらしさをなくしたら本物ではなくなる。付け焼き刃ではない、ちょっと大ゲサかもしれないが、俺がプロレスラーとして体験してつかんだ自分流の〝感性〟であえて勝負したかった。

選挙というと、俺には合点のいかないことがある。選挙のたびに若手の新人候補が出てきて「若い力で政治の流れを変えます」なんて言っている。おかしいんじゃないかな。納得いかない。だって変えられるわけないんだ。

よく、ほかの議員さんから、

「猪木さん、早く衆議院にクラ替えして、がんばって大臣になれよ」

と言われることがある。ありがたい話だ。俺も最初は衆議院を狙っていた。出世欲のない人間はいないから、俺だって（末は総理大臣？）なんて夢を見そうになったけれど、いまは違う。そんなことは関係がない。

いま俺がやっていることは、参議院だからやれる。いまになったら参議院で本当によかったと思っています。

初めての選挙で運よく当選し、これまでにない感激を味わうことができた。しかし、感激というものは、その一瞬一瞬だけだと俺は思っている。

また感激を得たいと思ったら、また新たに何かにチャレンジし、そこに自分を没入させていくしかない。

俺は、サインを求められると『闘魂』と書く。実はこれ、力道山[※11]が好んで使っていた言葉なんです。それをいただいた。レスリングの試合で、とても立ち上がれないくらいにケガをして、次の朝、とてもダメだ――という時でも、この言葉を思い出しては勇気を振り絞ってリングに向かっていく。

同じ実力なら絶対に勝つ秘訣

九九万三九八九票――
「スポーツ平和党」[※12]を支持してくれた人たちの数です。正直言って、もう少しいくかな、という考えがなかったわけでもない。実は、投票用紙に〝アントニオ猪木〟と書かれた無効票もかなりありました。なかなか参議院の比例代表制というシステムが理解されていなかったのかもしれない。親類の人でさえ、

俺は、サインを求められると
『闘魂』と書く。
実はこれ、
力道山が好んで使っていた言葉。
次の朝、とてもダメだ——という時でも、
この言葉を思い出しては
勇気を振り絞ってリングに向かっていく。

「オイ、寛至（猪木の名前）、ウチは四票入れたゾ。しっかり『アントニオ猪木』と書いてきたからな」という具合。これはもう、笑って「ありがとう」と言うしかなかった。

結果は最後の最後、ドン尻当選。しかし、俺は満足だった。もし、たとえ落選だったとしても、その気持ちは絶対変わらなかったと思う。

最初の選挙で、俺は「一〇〇万人との握手」という目標を立てた。

ところが、「一〇〇万人との握手」はいいけれど、実はあの時、俺の右手はハレ上がっていた。一九八九（平成元）年の五月、ソ連の柔道王チョチョシビリと異種格闘技戦をやったでしょう。彼の胸板にパンチをくれた時に、骨をちょっと痛めていたんだ。

プロレスラーというのは、ゲンコツで殴ってはいけない。ドテのところならいい。それで、チョチョシビリの胸板を殴ろうと思ったけど、あの胸板の厚さですから、反則技を仕掛けるという意識はまったくないのだけれど、ちょっとズラした。そしたら骨に当たってしまって、こっちの骨もピリッ。選挙の時には、その時の痛みがまだ完全に治っていなかった。選挙カーから降りて、群衆の中に入っていく。最初は痛くなかったけれど、相手も猪木となればギュッと力いっぱい握ってくる。だんだん痛くなってきた。なかにはむりやり力を入れる人もいる。最初は怖くて、こっちはできるだけ力を抜いて、ズラそうとしたらこれがかえって痛い。もう開き直って、破れかぶれでこっちもギュッと握り返した。相手の握手でぐっと感じたものを、こっちもぐっと感じて返す。そしたら痛くない。やっぱり心には心、ハートにはハート。握手一つにしても手抜きしてはダメなんです。

当然選挙に勝つ自信はあった。やるからには勝つ、と。しかし、一方で、負けても笑って仲間たちに「お疲れさん」と言ってやれる気持ちもあった。

プロレスは、ほかのスポーツと違って、ただ勝てばいいというものではない。勝つに越したことはないが、それよりも、いかに観客を喜ばせ、自分自身満足のいく試合をするかが命なのです。それによって選手の評価も決まってくる。だからプロレスは面白い。

選挙も俺にとっては同じこと。出馬を決めた時は、計画性がない、ちゃらんぽらんだ……といろいろ言われたが、最終的に俺流の勝ち方をする信念はあった。うわべだけの結果なんていうものはあとから自然についてくるものだと俺は思っている。

常に100％の力を出せる奴、50％で終わる奴の違い

「猪木さん、一人一党じゃ何もできないでしょう?」

国会に入って真っ先に言われた言葉がこれだった。しかし、最近ではそれが、「猪木さん、なんでそんなことができるんですか?」

に変わってきた。評価がコロコロ変わるのが国会の面白いところ。

俺が国会議員になってこの（一九九〇年）七月で丸一年が経過した。

ほかの一年生議員さんたちとは違うことをやってきたという自負は大いにある。

徐々に勉強させてもらう、なんてヒマは俺にはない。俺を支持してくれた人も、そんなことを期待していないだろうと思う。やりたいことがあるから議員を目指したのであって、いま、それを少しずつながら思いっ切り面白くやらせてもらっている。

この間、俺はブラジルに行きメキシコに行き、ニカラグアの新旧大統領と会い、

キューバのカストロ首相とも歓談することができた。※14自民党の安倍先生の訪ソの橋渡しもした。カストロ首相の来日も一つの目標だ。多くの人は「無理だ」と言うけれども、やろうと思えばできる。偉そうなことを言っているようだけど、言った以上はやらなきゃいけないと自分に言い聞かせて、自分に課していっている。

たとえば人生を一升ビンと考えた時、半分まで飲んで「あ、もう半分しかない」と思うか、「まだ半分ある」と考えられるか。

俺の場合は後者。可能性が五〇％もあれば、十分すぎる。軽いフットワークでなんでも面白くやってしまおうというのが俺の主義。結局、常に一〇〇％の力を出せる奴と、いつも五〇％の力しか出し切れない人間の差というのは、この心の持ち方の差ではないのかな。

もちろん、五〇％の可能性で突っ走るということには、ある程度の〝開き直り〟も必要だろう。それは、恥をかくことに慣れ、恥をかくことを恐れないことだ。人間というのは、往々にして恥はかきたくないというのがホンネだ。自分をよく見せたいとも思う。利口に見られたいと思うのはみんな同じ。そうなるともう、その枠に自らをはめ込んで抜けられなくなってしまう。

失笑を買うことはないけど、そのくらいの勇気が出たら、人間は強いんじゃないかな。よく企業がやる研修教育で、新入社員に駅前で大声を上げさせるのは、それぞれの人間が持っている殻を打ち破らせるために、やっているわけです。まさに「聞くは一時《いっとき》の恥、知らぬは一生の恥」じゃないけど、わからないことは体験しようという感性があれば、チャレンジはどんどんできるはずだ。

俺は、この国会の中で戦っていくのにハンデだらけだ。いままでプロレスの世界でずっと生きてきて、行政であるとか、立法がどうとか、いろんな専門的なことがあっていま勉強してるけど、いくら勉強したところで専門家にはとうてい追いつけるはずがない。それでは自分の特性をどう生かすかということになれば、自分の体で体験していくしかない。すなわち五〇％の可能性があれば、行け行けでいいんです。好きな人に告白するのと同じで、やってみなくちゃダメかどうかさえわからないんだから。やり出せば案外いい結果が出るかもしれない。

俺が〝猪木コール〟としてやっている「ダァーッ」という試合に勝った時にやる

雄叫《おたけ》び。

これは、最初は両手を挙げていた。これはイスラム圏で民衆暴動が起きそうになった時に、アラー（イスラムの唯一神）がカッと手を挙げたら、何万人もの人々の怒りがスーッと鎮まったという故事から出ているんだが、そのうち俺の左肩が悪くなって、左腕を挙げられなくなってしまった。そこでやむなく右腕だけ挙げて、それを天空に突き出すようにしてついでに声を入れ、「ダァーッ」とやるようになった。自分でも、腹の底から自然に声が出てしまう。それがいまは俺のオリジナル。

ところが国会というところは不思議なところで、五〇％の可能性どころか、一〇〇％の可能性があっても動かない。そういう世界であることを痛感させられた。

一つの例を出せば、ライオンタマリンという絶滅寸前のサル。ブラジルへ行った時に陳情を受けたんです。原因は付近一帯で九年間も燃え続けている山火事。彼らの住む世界がどんどん圧迫されている。広大な泥炭地《でいたんち》で、ヘリコプターで現地を視察しました。

この山火事が、日本の技術ならたった三万ドルで消火できるという。でも、残念いた人がいない。

ながら日本の既成の政治家で、誰ひとり「よし来た、俺にまかせておけ」と胸を叩

「三万ドルなら俺は自分で責任を持つ。ただしそれ以上はできない」

そう言ってオレは請け負ってきました。いろんなところに声をかけて、協力者も出てきている。ただ、マスコミで随分報道されているにもかかわらず国民からの浄財の支援はいまのところまだ一つも聞いていない。これがちょっと情けない。

代議士先生たちにも声をかけた。みんな、「ウン、大事なことだね」と口では言いながら、でも動かない。必要な時に必要なものを与えないのが日本人。以前に訪れた先生方は、「日本に帰って、しかるべきところで検討しましょう」と言って帰ってきたらそのままで何もしない。

すべてがそうとは言えないが、「前向きに検討します」という永田町だけで通用する言葉を、そのまま外交の場で使っている政治家が日本には実に多い。俺は怒りを通り越してあきれてしまう。

その点、すごい反応を示してくれたのが橋本龍太郎さん。別に宣伝するわけでも

ないし、私はあの人とは何もないけれど、たまたま息子さんが俺のファンだということで、ブラジルの報告に行ったら、「すぐやりましょう。これは大事なことだ」と言って、しかるべき人を紹介してくれた。

相手がどれだけのことを期待しているか。頼むほうと受けるほうの思いが違いすぎる。これから国際社会の中で、やれないことはやれない、ノーと言える日本人たれという。それはそれでいいと思うけれど、それだけではなくて、本当にやれないことはやれない、やれることはやる、やるならいつまでにやります——ということをキチンとしてこないといけない。歴代の総理が行って約束して、そのまま反故《ほご》になっているという。どちらが悪いのか知りません。陳情して手続きが難しいのか、〝エスタ・アマニャン（あしたがあるサ）〟の国だから言いっ放しなのか。頼まれたほうは、相手が言ってこないのにやることはねえやと。頼んだほうは頼んであるんだからそれでいいやと。よくあるでしょう。そういう関係だと俺には思える。

偉い人と話す時ほど自分の信念を貫け

俺は、プロレスラーとして世界中へ遠征した。プロレスを通じた人脈も、世界中にある。国会議員になってからも、俺の〝主義〟である「体験と行動」の哲学から、世界中を飛び回っている。

この三月には中南米を回り、ニカラグアの新旧大統領を含め、各国大統領とも会うことができた。キューバのカストロ首相とは二度目の会見をした。いや、会見というような窮屈なものではなかった。酒食をともにし、最後はお互いに肩を抱き合いながら別れの挨拶をした。それは友人同士の交歓《こうかん》であり、一国の首相と日本の国会議員の会話という域を完全に超えていた。俺たちはもう、一〇年来の知己《ちき》のように振る舞った。

カストロ首相といっても、いまの若い人たちにはどれほどの人物かわからないかもしれない。とにかく革命の英雄。いまは伝説の人物となったチェ・ゲバラ※15とともに、わが身を挺《てい》した闘争でキューバに社会主義国家を樹立した。日本でも〝六〇年安保〟世代の英雄として知られている。いまでも中南米では最も影響力のある人物であり、アメリカ合衆国が世界で一番マークしている要注意人物のひとりでもある。

そんなカストロ首相から突然、「ぜひ会いたい」と緊急の連絡が入ったのは、ブラジルのフェルナンド・コロール大統領の就任式に招待されたブラジル滞在中のこと。

首都ブラジリアで行われた式典で挨拶して、その晩、ホテルでくつろいでいたら、在ブラジル日本大使館に電話がかかってきたというんだ。こちらからキューバの大使館に連絡していたのだけれど連絡が取れない。こちらはスケジュール通りアマゾンに飛んでからリオデジャネイロに戻ってきたところにメッセージが入った。「どうしてもキューバに寄ってくれ」と。

そうは言われても、ブラジルからキューバへは飛行機の便がない。そう言うと、「キューバのほうで手配する」。俺の日程では、それからニカラグアでオルテガ前大統領、チャモロ新大統領に会うことになっている。そして二日後、約束通りカストロ首相差し回しの特別機がニカラグアに着いた。これは、通常資本主義国の人間は搭乗できない飛行機だった。

空の旅は四時間ちょっと。さっそく大使館主催の夕食会に出席した。その夕食会に、カストロ首相が定刻に姿を現したというので、現地の大使館員はびっくり仰天していた。なぜかというと、カストロ首相というのはどんな会でも勝手気まま。いつ現れるかわからないというのが常だという。多少演出好みのところがあって、客を驚かせる最高のタイミングでバッと、神出鬼没的な登場の仕方をするらしいのだ。

カストロ首相とは、前年一一月に一度会っているが、改めて目の前に立つと、〝生きた革命史〟という存在感がグワーッと大きく漂ってきて、思わず背筋が伸びた。

それからなんと四時間半。俺はまさに異例のひとときを持つことができた。長い時間をかけて、俺たちは世界情勢から食い物の話まで、心ゆくまで話し合った。

俺が、かつて子どもを亡くした話をすると、カストロ首相は目に涙さえうっすらと浮かべながら俺の話に聞き入ってくれた。

カストロ首相は、彼がチェ・ゲバラと小さなボートで上陸、ジャングルを拠点に展開した革命闘争の思い出話を俺に語ってくれた。

彼は、本質的には平和主義者であることが俺にはよくわかった。一方で、真の愛国者であり、国の未来に限りない夢を抱いていることもわかった。

俺たちは地球の環境保全について意気投合し、また、中米和平の重要さについて語り、世界平和の焦点であるとの認識で一致した。そして驚いたことに、彼は俺に「本当はアメリカと国交を開きたいと思っているんだ」とホンネを漏らしてくれたのだ。

時代は変わる。世界の政治情勢も変わる。故ケネディ・アメリカ合衆国大統領に対してあれだけ突っ張った男が、いまアメリカとの和平を望んでいる。「よっしゃ、それこそ俺の得意とするところ。積極外交で道を切り開こう」——俺はカストロさんに言いました。「自分にできることなら、その労を取らせていただきたい。ついては天皇の即位の礼にぜひ来日してほしい。ブッシュ大統領も来るから、その時、会談をセットしよう」と。そうしたら、カストロ首相は快諾してくれた。

時間が迫ってきて、いよいよカストロさんとの別れという時、俺は思い切って言ってみた。

「もしよろしければ、あなたがかぶっているその帽子を記念にいただきたいのですが……」。するとカストロさんは破顔一笑、俺の頭に例の帽子をかぶせてくれた。

それにしても、俺はそんなカストロ首相に孤独を見た。独裁者の孤独とでもいうのだろうか。側近の人たちはみんな緊張していて、モノも言わないのだ。

そういうカストロさんの姿を見ると、つい俺の〝おせっかい〟の虫が頭をもたげてくる。キューバ大使館にある提案をした。

「あなた方が本当にカストロさんのことを思うのなら、ここということは言ってあげるべきではないですか。あの人は国民をホントに愛して革命を起こして、いまはああいう地位にいる。たしかに偉い人かもしれないけど、誰も何も言ってあげないでは孤独になるばかり。第一、ひとり疑心暗鬼になって、自分だけのこだわりの世界にどんどんのめり込んでしまいますよ。そんな状態では世界の動静を見誤ってしまいますよ」と。

そしたらその人は、「それはとてもいい意見だミスター猪木。それは決しておせっかいでも何でもない。私たちとしても目からウロコが落ちる思いだ」と、そんな意味のことを言ってくれた。

きっと、天下のカストロ首相について、俺みたいにズケズケとモノを言う人間がいなかったのだろう。大変喜ばれたことを覚えている。俺としてはただ、心の中で思ったことを申し上げたまで。それもこれも、相手がどんなに偉い人であろうと、裸と裸でつき合えばわかり合える――という、俺なりの信念があるからだ。

実際、キューバはいまジレンマの中にある。悪循環。いま、アメリカがキューバ向けにテレビ放送をやって、資本主義のよさをPRしている。それを見たキューバ人の中には、当然、現状の体制に不満を持つ人も現れるだろう。不法電波。国際法上問題がある。だからどっちを支持するかというと、俺は政治的でなくごく人間的に見て、アメリカの〝大国のエゴ〟がものすごくあったと思う。キューバはその犠牲になっている。

それはキューバの歴史を見ればわかる。麻薬、トバク、女……これでヨーロッパとアメリカが搾取した一時期があった。そのために国民が貧困から抜け出せない。ということからカストロがわずか八十何人かで革命を起こした。ふつうなら、たった八十何人で成功するはずがない。しかし、それはきっと、時代というものが味方したんだと思う。

その時キューバから追放した人間たちが、いまもアメリカ政府と癒着している。だからアメリカは許せないとこだわっている限り、こんどはカストロさん自身が時代に負ける……と。

もちろん、カストロさんも「社会主義の道は変えない」と言っているけれど、実際、政策的にはずいぶん変わってきている。観光資源を導入するとか、フリーポート（貿易自由港）にするとか。

でも、俺に言わせればそれだけではダメなんじゃないだろうか。「堂々とアメリカに乗り込んでいきなさい」とカストロさんにも提案した。ピストルで撃たれたっていいじゃないですか。革命の闘士なんですから。そんなことにビクビクする人ではありません。

即位の礼がきっかけになってカストロさんがアメリカに乗り込んでいったら、これは世界を大きく変える力になる。俺はそう思います。あの人は自分も演出家ですからきちんとそのへんはわかっていると思うけれども、俺だったらやるよ――と。

ところが日本の大部分の政治家というのは、そういうことが何もできない。いったい、いままで何をやっていたんだろう？　というのが俺の率直な疑問だ。

どうも日本の政治家というのは、すぐに緊張を失ってしまう人種らしい。ついこの間まで消費税という問題で自民党には危機感があった。

ところがノド元すぎれば……というやつで、最近では完全にだらけている。国会審議でも居眠りしているのが半分。目覚めている人だって、座席に座っている姿勢がテレンコしてる。

大臣にしても同じ。人間、緊張している時はキチッと座ってるものだけど、全員がついラクな姿勢。

質問している野党だって、突っ込んでいく姿勢というものがない。政治家ってこれでいいのか？　これなら俺でもやれるぞ、政治家にもっとも必要な「感性」ということなら、俺のほうがずっと上だぞ——と、ずいぶん自信ができたものです。

よく人は言う。

「猪木君。政界には、〝永田町の論理〟という煮ても焼いても食えないバケモノが住んでいるんだよ。一人で意気がってみても、何もできやしないよ」と。

上等だ。それが古い政治家像なら、俺は新しい政治家像を目指す。〃永田町の論理〃の通用しない、新しい政治を推進したいと思っている。

初対面の人間とも一気に関係を深めるコツ

俺がプロレスの日ソ交流、ソ連人のプロレス選手養成のために何度となくソ連を訪問したことは前にも書いた。

あれはソ連スポーツ連盟のバグダーノフさんの紹介でクレムリンへ行った時、当時の副首相だったカメンツェフさんとお会いすることができた。なかなか簡単に会える人ではない。

この方は非常に日本事情に明るい人で、初対面の挨拶をしたら、「なんでも遠慮なく話して結構ですよ」と通訳を通じておっしゃる。俺は、(さすがペレストロイカ、グラスノスチのおかげだな。物言えば唇寒し、のあの暗さはもうなくなったんだな)と思って、その時胸にあったことをスパッと言ってしまった。

「ソ連の人というのは、笑いもなくて、暗くて信用のおけない人種だって、私はそう思っていたんです。でも実際にこうしてたくさんのソ連の方々と会い、話をし、選手たちと交流を持ってみると、みなさん、とっても明るいし、茶目っ気もある。私の偏見でしたよ」と。

カメンツェフさん、それを聞いたら顔色が変わった。

「あなたがそこまで言うのなら、私にも言いたいことがある。私にもひと言、言わせてくれ」

俺はふるえ上がってしまった。まずいことを言ってしまったのかなァ、カメンツェフさんを本気で怒らせてしまったと一瞬思った。

カメンツェフさんは俺の目を見て話し始めた。

「実は私は、漁業交渉で何回か日本に行ったけど、最初の交渉の時、私たちが一生懸命に話しているのに、日本側の代表団たちはみんな目をつぶって聞かないふりをした。

(この野郎、とんでもない応対だ!)と思って、我々がみんな目くばせで合図した。

（次に日本側の説明が始まったら、こんどは私たちが目をつぶって同じ態度を取ろう）というわけだ。そしてそのとおりにした。

私たちはてっきり、日本人も怒り出すだろうと思っていた。ところがとんでもない。会話が終わったとたん、日本側代表団は全員が席を立ち、満面に笑みを浮かべながら私たちに握手を求めてきた。

『私たちの話に実によく耳を傾けていただいた。こんな素晴らしい（ソ連の）代表団は初めてです。ハラショー』と」

その話を聞いて、俺はあらためて国民性の違いというものに驚かされた。これは、実際に会って、話をしなければ決してわからない体験だった。

――つまり、お互いに〝こだわり〟や〝偏見〟でモノゴトを見ているうちは誤解はとけない、という点で俺とカメンツェフさんの意見はピタリ、一致してしまった。二人でガハハと笑って、そこからは一気に打ち解けました。

むろん、「北方領土」の話もしました。その時は返す返さないという話は出なかったけれど、お互いのこだわりを捨てて両国が胸襟《きょうきん》を開いて話し合えば、自然に解決する問題だと俺は実感した。確約はできないけど、北方領土もいずれはあなた方の望むような形になるでしょう、とね。

人間同士お互いホンネで話ができる雰囲気を作れば、コネなんて簡単にできてしまう。

そして個人的な信頼関係が深くなる。俺は最初からタテマエとか形式とかいうものを省略してしまう。「やあ！ やあ！」と図々しく、でもこれが幸いしてか、普通は何回かつき合わなきゃいけないところを一回で入っていける。

それに、ソ連の人とじっくり酒を酌み交わした日本の政治家は、いままでひとりもいない。向こうの酒はウォッカだし、あんな強い酒を飲まされたら日本人はぶっ倒れます。それを俺は、相手が倒れるまでつき合った。プロレスだけでなく、酒でも戦いをやってきたんです。飲まない男は信用できない――というのがソ連のお国柄ですから。

俺だってたまったものではなかったけど、人間は酒が入った時は自分をすべてさらけ出す。日本人もソ連人も変わらないホンネを言うということで、そういうふれ合いが積み重なって信頼関係ができたんです。自分の自然な形で日本の立場もよく話し、相手の言うことも聞くということで入っていく。そうすると簡単に否定されてしまうということはないわけです。

結局、俺が世界中を飛び回って世界の要人と会い、コネができ、信頼関係が築かれていく、それも俺自身がそういうことが好きだからこそできてるんだと思う。

「なに、キューバのカストロに会った？　それがどうしたんだい？」と言われればそれまで。だけど、いまの俺にとっては、人と会うことがすごく重要だし、それがまるで苦にならない。より多くの人に会って、〝感じて〟いくことが大事なのです。

最後にもう一つつけ加えておくと、「コネを作るにはエネルギーも必要」ということだ。戦利戦略とか純粋な思い……というのも必要だろうけれど、俺の体験から言えば体力も非常に大きなファクターだ。「俺は体力しかないから飛び回ってます」とよく人には言ってるけれど、体力だけで人に会えるわけではないから、ない知恵も絞り出さなきゃならない。

俺の場合は、「挨拶」をすごく大事にしている。これ、すごく当たり前のようでいて、割とおろそかにされているんじゃないかな。しかしこれがコネ作りのすごくいいトレーニングになってると思っている。

俺が「挨拶」ということに人一倍気を使うようになったのは、やはり子どもの頃過ごしたブラジルでの原体験が大きく影響していると思う。

ブラジルの畑にいた時は、ホントにまわりに人がいない。だだっ広いコーヒー園。赤土の道を歩いていくと、一番近くにいる人間がはるか彼方《かなた》に豆粒みたいに見えるって具合だ。そのくらいからお互いの存在を意識する。そしてやがてすれ違う時は、「やあ、やあ」と。それだけの挨拶でも、無言のコミュニケーションがある。

ところが都会ではどうだろう。人が多すぎて挨拶どころじゃない。混んだエレベーターを思い浮かべてほしい。中は息苦しさでいっぱい。シーンとしている。いっせいに三階、四階、五階と表示するランプをニラんでいる。挨拶し合えば息苦しくないのに、みんな黙りこくっているでしょう。辛いよ、あれは。頭ひとつ大きい俺だって窒息するくらいだ。それで腹ン中じゃ、(早く降りねえかなア、この野郎……)なんて思ってる。ストレスがたまりますよ、こりゃあ。

ところがアメリカは違う。「ハーイ」といった調子で、見知らぬ者同士でも気軽に挨拶するんだよ。気分がいい。エレベーターの中の雰囲気がガラリと変わっちゃう。

そこで俺なんかも、アメリカのやり方を見習ってできるだけ挨拶するようにしている。エレベーターに乗る。まわりは知らない人ばかり。それでも「おはようございます」とか「こんばんは」とか。途中で止まってトビラが開き、また人が乗ってくる。その時「何階ですかァ?」とひと言声をかけるのとムスーッとしているのとでは大違い。そういう小さなことで緊迫したその場の重苦しい空気がスッと取れる。

これはアメリカ修行中に身につけた、いい習慣だと自分では思っているけどね。

よく日本では、〝沈黙は金〟とかいって「喋らないほうが男らしい」とか、「でしゃばりと思われる」なんて遠慮をしてしまう。これはとんでもないカン違いだと俺は思うね。もちろん、人の迷惑もかえりみずにベラベラ喋っているようなやつは論外だけど、「きょうはいい天気だね」とか、「どちらからお見えになったの?」、「じゃあよい一日を」なんてひょいと言ったひと言がきっかけになって、それまで話をしたこともないような人と友達になることもできるのだから……。

この〝信じ方〟を知っている人間は強い

この間、あるテレビ局がインタビューにやってきた。

「猪木さん、いつ自民党に入るんですか?」

と言う。ある野党議員が「ひとりでは何もできないから」といって自民党にクラ替えした。だから俺も右へならえすると思ってやってきたらしい。

俺は言ってやった。

「冗談じゃない、俺は俺だよ。なんで俺とその議員を一緒にするんだ。関係ないよ」

すると、

「じゃ、猪木さんはスポーツ平和党でひとりでがんばられるんですね?」

と返してくる。

「そんなことはわからないよ。俺だって、ひとりでやっていけなくなれば自民党だってどこだって入るかもしれない。でも、いま俺は自分ひとりで気持ちよくやってるんだからガタガタ言わないでくれ。人は人、俺は俺なんだから……」

そんな俺に対して、世の中には「無節操だ」と言う人がいるかもしれない。でもいいんだ。無節操、結構です。人間の評価はこの世に何を残したかで決まる。「プロセスはどうでもいい」とは言わないけど、ある目標を立てて、それを実現するためには時に無節操だっていいと、俺は思っている。人生は短いんだから、自分の思うようにやればいいのです。

たしかに、世の中には「寄らば大樹の陰」という考え方もある。それは否定しない。大船に乗っていれば、人生、ラクに生きられると思う。

でも俺は嫌いだ、そういう生き方は……。

この前、ある私立中学校で講演する機会があった。その時、「みんな、勉強は好きかい?」って聞いてみた。俺、実は反対の答えを期待していた。ホンネは、みんな勉強なんてキライなはずなんだ、この年頃というのは。

ところが、全員が「好きです!」と言う。驚きました。いかに進学校とはいえ、(ホントなのかな?)と。

まあ、勉強大嫌い人間の俺が偉そうなことは言えないけれど、「よく学び、よく遊べ」っていう言葉もある。オンナの子だって気になる。遊びがあるからこそ勉強への気力も湧いてくるし、また一生懸命勉強すると遊びたくなってくる。その循環の中で、人間の情緒と学問的成長のバランスが取れていくと思うんです。遊ぶからエネルギーを消費する。エネルギーを使うから腹が減って食べ物もうまい。そんな中学生諸君に「勉強大好き」なんて言われると、俺、「ウッ!」と息が詰まっちゃう。気持ちが悪くなるね。

みんな、なぜそんなに勉強ばかりしたがるのか? それは現在の社会の仕組みにもよるんじゃないかと思うけど、みんな同じ路線に乗って学歴社会に同化していないと社会が認めてくれない、そういう不安が親にも子どもにもあるんだろう。これも一種の〝寄らば大樹〟じゃないか? かわいそうだなって思う。もっと違うことで勝負したらもっと面白くなるのに。

現代は〝個性化の時代〟ってよく言われてる。でも、そんなキャッチフレーズがはやるというのは、俺に言わせれば現代が個性のない時代だという証拠じゃないか。俺が子ども時代のほうが、よほど個性のある人間が多かったと思う。

まあ、俺自身がその典型みたいなもんですからね。ブラジルに移民したはずがプロレスラーになって帰ってきて、今度は国会議員になってる。

しかし、俺は「政治家」にはなったけど、「政治屋」にはなりたくない。「政治家」と「政治屋」の違いは、やっぱり〝感性〟だと思う。つまり、バカがつくくらいの純粋性。そんな政治家が日本にひとりいてもいいと思う。

たとえば俺は、政治家になったからといって背伸びをしたくない。できることはできる、できないことはできない、知ってることは知ってる、知らないことは知らないと、正直に言える政治家になりたい。

ありのままの俺を出しながら、その中で俺のできることをやっていこうと思う。

選挙運動期間（公示期間）の最終日午後八時。東京駅前で最後の街頭演説したあと東京タワーの選挙事務所に戻る時には、胸の中はもうすっきりしていた。（俺は精いっぱいやった。だから、あとは有権者の皆さんが判断してくれるだろう。猪木なんてあんなのダメだと思ったら落としていただいて結構……）と。

本当に日本のことを考えているんだ――といくら言ったって、それが伝わらなければしょうがない。俺は選挙に勝つためには土下座でも握手でもする、頭も下げる。でも、ただ当選させてもらうために頭は下げたくない。俺は、皆さんのためにやっているんだというプライドは持っている。それだけのパワーを持って自分でそういうことを訴えてきて、それを汲《く》み取ってくれる人たちに支えてもらえばいいのだ。

政治の世界でも、「寄らば大樹」というのはある。ひとりじゃ何もできない、というのも事実、一理も二理もある。でも、いまの俺はひとりでやっている。ひとりだからこそ、俺のペースで気ままにやらせてもらっている。大政党の親分に頭を下げなくても、俺自身の裁量でソ連にだって行くし、キューバにだって飛んでいく。

一つのことを、いろんな側面から見つめたり、角度を変えて見ることで違ったものが見えてくる、また新しい発見がある。マイナスと思えることもプラスになって返ってくることがある。だからいまの俺は、その作業をやる前からとりあえず大政党に入るということは避けている。

人生、気取ることもないし、固定観念にとらわれることもない。主義主張は曲げられないけど、それ以外はすべて柔軟にやる。そうやらなければ人生は面白くない。

※1　1989年6月、スポーツ平和党を結成し、7月の参議院選挙に比例区から出馬し、99万3989票を集めて当選。
※2「ソ連のアマレス五輪メダリストたちをプロレスラーにする」として、旧ソ連と交渉。1989年2月、サルマン・ハシミコフ、ビクトル・ザンギエフらソ連選手が「レッドブル軍団」として新日本プロレスのリングに上がった。
※3　旧ソ連のゴルバチョフ書記長が行ったペレストロイカ（政治体制再構築）とグラスノスチ（情報公開）をスローガンとする自由化政策。91年12月のソ連消滅につながった。
※4　サトウキビの搾りカスをバイオ処理して、牛などの家畜の飼料にし、世界の食糧危機問題を解決する目的で「アントン・ハイセル」社を設立するが、うまくいかずに莫大な借金を抱えてしまう。現在は、猪木の手を離れている。
※5　猪木の2番目の妻・倍賞美津子さんの弟にして当時の新日本プロレス取締役。
※6　歌手・俳優。20世紀のアメリカを代表するエンターティナーの一人。
※7〝プロレスの神様〟と呼ばれるプロレスラー。猪木ら多くの日本人レスラーに数々のプロレス技を伝授した。

※8 ショータ・チョチョシビリ。ソ連の柔道選手で、72年ミュンヘン五輪の軽重量級金メダリスト。
※9 1990年3月にキューバの日本総領事館でカストロ首相（国家評議会議長）と会談、杯を交わす。
※10 1976年6月、WBC・WBA統一世界ヘビー級チャンピオンだったモハメド・アリと猪木が日本武道館で行った異種格闘技戦。15ラウンド戦ってドロー。
※11 元大相撲力士で、猪木やジャイアント馬場らのプロレスの師匠。戦後、日本プロレスの一時代を築いた。
※12 1989年、「スポーツを通じて国際平和」を合言葉に、猪木を中心に結成された政党。1998年7月、政党要件を喪失。
※13 1989年4月、東京ドームで対戦し、チョチョシビリが勝利を収める（猪木の異種格闘技戦初黒星）。同年5月の大阪城ホールでの対戦では猪木がリベンジ。
※14 1990年1月、自民党幹事長の安倍晋太郎（安倍晋三元首相の父）が北方領土返還交渉等の目的でモスクワを訪問、ゴルバチョフ書記長と会談した。
※15 アルゼンチン生まれの革命家で、カストロとともに1959年、「キューバ革命」を成し遂げた。

2章

〝心の貧乏人〟になるな

この道を行けばどうなるものか、
危ぶむなかれ。危ぶめば道はなし。
踏み出せばその一足が道となり、
その一足が道となる。
迷わず行けよ。行けばわかるさ。

不安、自信がない……マイナスな自分をプラスに変える法

国会で一体俺に何ができるのか——。

そう考えないこともない。毎日が自信のないことだらけ。でも、ある種俺は、自信のないことにこそ自信を持っているんだ。

自分に自信がなければないほど、勉強しなくては——という気持ちになるでしょ? 勉強して、体験して、そしてその道のプロと言われる人たちの域に少しでも近づき、追いつき、そしてやがては追い越そうという気力。この気力が大事だと思う。その気力というのは、自信満々の人には生まれてこない。当たり前だから。実はこのタイプは国会の中にもウジャウジャいるんだ。しかし、それはやがて「過信」となり、いつか必ず思わぬ落とし穴となって返ってくるはずだ。だから俺は、自信のない自分を知るということは、むしろプラスに働くことだと考えることにしている。

なかでも俺が大事にしていることは〝体験〟。自分の体験したことなら、体験して

ない人には負けるわけがない。だから国会の中でも、とにかく他の人たちより一つでも多くの実体験を積み重ねようということで、これをテーマにやっている。

だから、俺が議員になってからも世界を飛び回るばかり。とにかく体験。体験するということは、ただ目で見て、思い出の中に刻むだけじゃない。一つの体験が三つの疑問を想起させ、その疑問を解くためにさらに三つの体験をしたくなる。そこからさらに三つずつの疑問……。もう、ネズミ算式だ。これを一つずつ、背伸びせずできる範囲で着実にこなしていく。そうすれば、何の道でも大先生になれるだろう。「体験する」ということは、もっともっと深刻な問題に直面するということなんだと思う。だからこそ人間的にも成長できるというか、俺なんかいつも〝どこか足りない〟という意識を持っているわけだから、なんとかそれを補おうと思って、いろんなことを吸収していくんです。

最初から「俺は自信満々だよ」っていう場合は、それがプロレスの戦いだったら相手が弱すぎるということで、それでは成長がない。自分より強いやつにぶつかっていけば、当然そこに不安も出てくるし、その不安を取り除くために一生懸命練習するとか、スタミナをつけるとか、試合運びの工夫をするとか……。いまだってトレーニングをしている。おまえはまだまだ修行が足りないな、って言われるかもしれないし、おまえはもうやめていいんだよ、と言われるかもしれない。でも、いざって時はいつでも飛び出していってやらなきゃいけない！　そういう準備は毎日している。だから、一週間もあればリングに上がれる体は作れる。

俺が体験にこだわるのは、俺なりの安心立命《あんしんりつめい》の境地というのかな、不安の中で一生懸命にやって、やるだけのことはやった。俺はこれだけやったんだから、あとは運を天にまかせる、つまり「人事を尽くして天命を待つ」というあれだ。ここまでやれたら、もう結果なんてどうでもいい。

そこまでのプロセスでの自分の立ち向かい方、悔いのないことをやっていれば、結果は必ずよく出る。そう思うことで、不安とか自信のなさがカバーできると、自分自身を納得させているわけです。

選挙に出た時だって、初めは相当に悩みました。損得勘定したりして。でも、しばらくしてそういったもろもろのしがらみがスーッと消えてしまった。

（そうだ、忘れていた！　俺本来の生き方を忘れていたじゃないか！）というわけです。とにかくやろう、やるからにはトコトンやろう、その結果が勝っても負けても、それはそれでいいではないかと。

(この道を行けばどうなるものかわからない。でも、一歩を踏み出せばわかる。踏み出してから考えよう)と。

こうして、実際に選挙戦を戦いながら、俺の中に巣食っていた不純なものを一つずつ振り落としていった。

幸い、選挙対策本部の連中もみんな素人だった。素人集団のよさで選挙運動そのものにも不純なしがらみが入り込む余地がなかったのも幸いだった。日一日と盛り上がり、みんなの心がどんどん一つになっていくのが手に取るようにわかる。

だからもし選挙に負けていても、一緒に戦ってくれたみんなには「君たちは勝利者だよ」と言ってやれたと思う。

自分の感覚をもっと研ぎ澄ませ

生[※16]まれて初めて日本の国を出てブラジルへ行った時、俺は一四歳だった。

ブラジル行きは南米集団移住だったからもちろん旅行なんてものじゃないが、いまと違って海外旅行が大変不便な時代だったから、心境としては悲壮なものがあった。

サンパウロに入ったらここが猛暑。夜汽車を待つため駅で六時間以上も時間をつぶして、汽車に乗ったらこれがいつになっても着かない。俺たちの行き先はブラジルの高地。海抜八〇〇メートルの山稜《さんりょう》地帯だ。サンパウロから距離にして六〇〇キロくらい。東京からだと岡山と広島の間ぐらいの距離だ。ケーブルカーみたいなノロノロ列車でちょうど一昼夜かかった。

目標はリンスという街。途中サバウロという駅で一時間休憩時間があった。その時飲んだのがガラナという飲み物で、もう世の中にこんなうまい飲み物があったのかと思ったくらいうまかった。まさに甘露《かんろ》、砂漠のオアシス。長旅の末、見知らぬ国に上陸してなんだかわからない不安感の中で飲んだガラナ飲料一本が、実にさわやかで元気づけられた。

そこからいよいよ奥地に入る。夕方近くにリンスに着いて汽車はそこが終点。あとは移住地のファゼンダ・スイッサというところまではトラックで二〜三時間かかる。午後八時くらいの感じだったけど、まだ太陽が明るかった。異国で見た太陽の明るさが目に焼きついている。日が一番長い時だったのだろう。

ブラジル暮らしで何が怖かったといえばコーヒー農園で現地の人とモメた時だ。こっちは俺と兄貴の二人だけ。相手は三〇〇人くらい。俺たちも若かったから、なんでそんなことをしたのかあとから考えればバカらしい話だけど、「バカにされちゃいかん」という意識が強かったと思う。

彼らもいまにして思えば、バカにしてるつもりはなかったと思うんだけど、外国人が入ってきたもの珍しさもあったのだろう。結局は言葉のわからないのが原因なんだけど、小ぜり合いがあったあと、気がついたら集落全部を囲まれていた。怒鳴られたりモノを投げられたりすればまだいいんだけど、相手は三〇〇人からの人間が無言。シーンとしている。それでいて包囲の輪がジリッジリッと縮まってくる。これは怖かった。

レスラーとして初めて海外武者修行に出たのが二〇歳の時。もちろん俺は英語も満足に話せないし、初めのうちは金の計算すらできない。まわりを見渡しても力になってくれそうな人間は一人もいやしない。その時初めて気がついた。結局は自分自身の力で生きていくしかないんだと……。そのころは日本人なんかめったにいませんでしたからね。

慣れない土地で、水にあたって下痢をおこす。ブラジルの下痢とかメキシコの下痢、パキスタンの下痢にタイの下痢……アフリカの下痢もやった。

下痢とひと言で言っても違うんだ。やっぱり菌が違うんだろう。水自体のペーハーが違ったり免疫がないからね。生水には注意しろと言われたって、ミネラルウォーターなんてぜいたくは言ってられない。そうするとアメーバ赤痢にかかって、それでも医者に行かないで治しちゃうんだから慣れというのはすごい。

ケガもやった。足をナタでぶっちぎって、まだ傷が残っているけど、血がぶわーっと流れて、それを手で止めただけで治してしまう。人間というのは、環境によってすごい抵抗力がついてくるものです。信じられないような病気があっても、それを克服してしまうのです。

いま西洋医学に頼るのは悪くはないけど、なにかっていうと薬、なにかっていうとお医者さん……。だから本能的な自己防衛能力がだんだん弱くなってきてるんじゃないだろうか。それが、生きていく上でのすべての生命力にかかわってくるんだと思う。

レスラーの修行時代は、二カ月ほどでブロークンながら英会話も覚えたから、町を歩くくらいでは意思は通じた。でもレスラー仲間とポーカーをやってスッテンテンになり、カバンの底に落ちていた五〇セント硬貨二枚でパンと牛乳を買って飢えをしのいだこともあった。

いまとなってはいい経験だった。旅では、イヤなやつとも知り合ったし、素晴らしい人間とも知り合った。俺にとっては、どの出会いも貴重だった。悩まされたり、勇気づけられたりして人生の歩き方を覚えたのだから。

一九九〇年三月、久しぶりに第二の故郷ブラジルを訪問した。フェルナンド・コロール大統領の就任式に招待されたのだ。彼は俺の義兄、東野鉄馬の空手の弟子でもあり、スポーツ交流による世界平和について話をすることになっていたが、アマゾンの密林が次々と破壊されている現状をこの目で見るという、大きな目的もあった。

俺が三〇年前に移民で入植していたコーヒー園があったファゼンタ・スイッサ地区も、いまや砂漠化してしまっていた。

俺が政治家として何ができるかを考えた時、地球規模での自然破壊をまずこの目で見て、それを日本の国民や国会に知らせること、これこそ、第一の役割だと思っている。

この問題は、いまや〝地球の危機〟とまで言われている。新聞もキャンペーンを張る。

それでは、実際に危機の現場を見た人は何人いるのか？　どれだけの日本の政治家がこの現状を見たのか？　第一、外国を訪問するのか？　外国を訪問するにしても、何を見てくるのか？

俺は参議院では外務委員会と外交安保調査会に所属している。その外務委員会に所属する先生方でさえ、ほとんど日本の外に出ようとしない。〝外遊〟という名の観光旅行以外は。俺がブラジルへ行っても、ニカラグア、キューバを訪問しようとソ連に行こうと、そういえば〝猪木外遊〟と言われたことは一度もない。

とはいってもたしかにムリもない面もある。外務委員会は政府と野党がささいなことで対立しているし、質問したとして役所の書類以上の答えはまず返ってこない。そもそも外務委員会の議員といっても、それだけでは外国に行くチャンスも経費も出ないのが現状なのだ。

でも、だからといって甘えていてはいけないと思う。努力をしなくてはいけない。いわゆる政治家の外遊ではなく、俺の言っている現場を生の状態で自分の目で見る、真の意味での視察旅行、勉強旅行こそ大事だと俺は思う。

「外遊」というのは、日本の在外公館のネットワークを利用して、すべてあらかじめ準備された場所へ行くだけ。こんなものは、誰がどれだけ見てもダメ。枠の中でしかモノが見えてないのだから。

それが〝政治のプロ〟と言われている人々のやり方だと思うと悲しくなる。それで通るなら、国会議員なんて必要がないと言われても仕方ない。

昔、プロレスをやっている若者たちに世界を知らせたい、もっと見せたいと思って、ブラジル興行をやったことがある。赤字覚悟でリオデジャネイロに行った。行ってみたらなんのことはない、連中、リオの夜の街しか見てこないんです。つまり歓楽街で酒を飲んだだけ。

レスラーというのは、世界中あちこち旅をする。でも本当にその国の文化や歴史を知らないで旅しているのが多い。単なる観光旅行気分で、名所旧跡をめぐるだけ。俺は多少歴史が好きだから、インダス文明だとかインカだとか、観光地以外のところも含めて見てくる。何より〝なんでも見てやろう、知ってやろう〟という姿勢の問題もあるし、そこで見たことをふるいにかけて、自分のファイルに仕分けする感性も必要だけど……。

俺には、幸いにして世界に張りめぐらされた人脈がある。独自の外交チャンネルも持っている。

費用は自前だけど、向こうから招待されたりすることもあるからね。

俺はこれからも、もっともっと世界を動き回りたい。それを続けることによって、これまでの政治家とは違うものを築きたいと思っている。

政治のプロといわれている人々が選挙区回りをしている間に、俺は地球を回る。ありのままの世界を地球規模で見てやる。

自分を縛る〝小さなこだわり〟に気づく

いまだから言えるけど、この何年かは、自分に自信がなくて精神的にグラグラしていた時期だった。離婚という大きな挫折体験もあった。ただ、突っ張って突っ張って、内面の悩み、苦しみを他人様には見せなかっただけ。

ヘンなたとえで言うと、いままでの俺はいろんなことが怖かった。信じられないかもしれないがヤクザが来ると、内心（ヤバイな！）と思ったしね。おろおろしてたかもしれない。強い相手がくれば、警戒したり、神経過敏でイライラしたり……。

若い選手たちの造反事件というのもあった。その原因はいろいろあるだろうが、ひとつには彼らが純粋であり、また無知だったということもある。口では強がって見せていたけど、内心はかなり落ち込んだ一時期もあった。いま思えば彼らが純粋ゆえに、俺の内面の揺らぎをそのまま形に表してくれたのかもしれないしね。

でも、俺は逆境に追い込まれてヘタッてしまうほどヤワではないつもりだ。少なくとも、何もしないでお手上げするのは俺の性格ではない。とにかくやってみて、それでダメならその時はいさぎよく新日本プロレスも解散……。そんな気になった時期も正直、あったんだ。

一九八七（昭和六二）年一〇月四日、あの宮本武蔵と佐々木小次郎が決闘した下関沖の巌流島《がんりゅうじま》に特設リングを作って、マサ斎藤とふたりだけで戦ったことがあった。時間無制限で、どちらかが倒れるまでやるというルールで。観客は入れない。テレビとマスコミだけ。

あの時期は、俺が最低に落ち込んでいた時だった。そのちょうど一カ月前に前の[※17]女房との離婚届に判を押して、役所に正式に書類を出したのがこの試合の二日前。

自信喪失のドン底にいたといえる。

そこで俺は賭けをした。自分自身立ち直れるかどうか、巌流島で自分自身を追い求めてみよう——と。

「ウソつけ！　そんなプロレスなんかで、大げさな……」

そう言うやつは、勝手に思えばいい。あの時は本当に命を捨ててもいいつもりでいた。自分の心をからっぽにして、ひたすら無になってぶっ倒れるまで戦ってみたい！　格闘技の原点がそこにある。弱い、細い俺の神経がどこでプツンといくか、自らの手でたしかめてみたい……と。

そのためには、周囲の雑音をすべてシャットアウトしたい。馬鹿と言われようが、気が狂っていると言われようが、自分に徹し切って、本当の自分になり切ってみたかったんだ。人間の本性というのは、極限状態というか、トコトン追い詰めないとわからないものだと思う。

なかには、「観客のいない試合なんて、ナンセンス！」と吐き捨てる人もいた。それはその人の考え方で大いに結構。でも、こういう戦いに意味があるかないかは人様が決めることじゃなく、俺自身が決めること。

できたら、マスコミ、テレビにも撮らせたくなかった、本当は。つまり俺は二七年間、いつも客というものを相手に戦ってきたわけでしょう。一度くらい、〝見せる〟要素をまったく無視した自分の戦いをやってみたかった。そうはいっても、現実にはテレビを無視できないし……。ただ、ギリギリのところでは自分の満足し得る条件を作り出したのでゴーサインを出した。会社はギャラ（ファイトマネー）を出すって言ったけど、俺はいっさい受け取らなかった。これは俺自身のわがままでやらせてもらうことだし、第一、そんな安っぽいものじゃなかった。

しかし、試合の日、巌流島に船で渡っていく時、これは誰にも言ってないが、なぜか無性に涙がこぼれてきてね。別に悲しいわけでもないのに……。

さて、二時間五分一四秒の戦いが終わって……。

結果は上々だった。ウソみたいにスッキリした気分になれた。自分の心の中にわだかまっていたヘンなこだわりが、スーッと消えちゃった。そうしたモロモロが全部脱ぎ捨てられたとでも言おうか。

そうなってみると、それまで深刻に悩んでいたさまざまな問題が、まるでとるに足らないことのように思えてきた。

たとえば離婚という痛手。でもそれがどうしたって。お互いが別れることによってもっともっとエネルギーが出るんだったら、そのほうがいいじゃないか。

とにかく巌流島のあと、俺が触れられて一番イヤだった女房との関係（離婚）が公《おおやけ》になっても、俺の心にはなんの動揺もなかった。逆につくづく思い知らされた。

〝こだわり〟なんて実にちっぽけなもんなんだな——と。

もっというと、〝己を捨てた〟ことによってこれだけ広い世界が見えてくるのか……ということ。

自信などというものはできるだけ早く、いったん失《な》くしてしまったほうがいい。そうすれば、もっとより多くの勉強と体験を積む機会が増える。結果として勝利者になれるのではないだろうか。

いくつになっても野望を持つことの意義

一九九〇（平成二）年二月一〇日、約九カ月ぶりにリングに上がった。

東京ドーム。とにかくすごい観客の入りだった。六万人は入っていた。思わず武者ぶるいがした。しかも相手は伸び盛りの若手トップ、橋本※18と蝶野。「猪木の首を狩る！」とハッスルしていた。

ヒタヒタと迫ってくる世代交代の足音。まだまだ負けるかという意地。とにかく目いっぱいやった。

辛かったのは翌朝だ。顔にはアザ、ベッドの中で横になっていても蹴られ続けた脚の筋肉は突っ張っている。とても人前に出られる姿でも体調でもない。

都合の悪いことに、その時はちょうど衆院選挙戦の真っただ中だった。俺の選挙じゃないんだから関係ないようなものだけど、それがそうもいかない。浮世の義理というのか、あちこちの立候補者から応援演説を頼まれていたんだ。

自民党から公明党、民社党、無所属と、いろんな人に頼まれてその数七〇候補者。

その日も地方に飛ばなければならない約束になっていた。

時計を見ながら、「あと二〇分、あと五分……」と引き延ばす。それでもベッドからなかなか出られなかったんだ。思わず心の中で叫んだね。「もういい！　頼むからこのまま寝かせておいてくれ！」と。ちょっと大ゲサかもしれないが、もう自分との闘い。（休んだっていいじゃないか、選挙応援なんだし、実際に体が動かないんだから……）と、心の中で葛藤してるんだ。

でもいつもそう――。結局は行く。ボロボロの体で。貧乏性なんです。俺はいつもそうなんだ。手を抜けない。そういう生き方を教えてくれたのは、俺に〝心の貧乏人になるな〟と言い続けたおじいさんであり、力道山だったと思う。この二人は師と言える人物だ。

俺のおじいさんは、それは大きな夢を持っていた人だった。七七歳になってから、「ブラジルへ行ってひと旗揚げよう」と言い出したんだから、その気力とスケールの大きさは並はずれていた。俺が一四歳の時だった。

そして長い長い船旅。

とくに印象に残っているのは、パナマ運河を越えていく時だった。それはまさに地獄図絵。ワニが昼寝をしていたり、大蛇《だいじゃ》が木からブラ下がっている。船が島のギリギリのところを通っていくからよく見える。子ども心にも、これはエラいところに来てしまったと思った。俺の目には地の果てとしか映らなかった。

ところがおじいさんは平気だ。「実は、このパナマ運河の鉄道の権利を買うつもりでいたんだよ」と大きな声で笑うんだ。俺のおじいさんという人は、米相場でかなり儲けた人でその筋ではなかなかの人物だったらしい。それでパナマ運河買収の話もあったんだろうけど、とにかくケタが違う。

ところが、おじいさんはその三日後に腸閉塞《ちょうへいそく》で突然死んでしまった。船の上で夢を果たせぬまま……。長い船旅が、やっぱり老齢の身にこたえたんだろう。

そんな姿を見て、親戚の中には「なぜブラジルくんだりまで行かなければならなかったんだ?」と疑問を呈する人もいた。でも俺はそうは思わなかったね。おじいさんがやりたいこと、好きなことを信念を持ってやろうとして、その結果、志半ばにして倒れたんだ。男としては本望だろうと。

おじいさんがそういうデカい話をしている時の目は、本当にキラキラと輝いていたよ。まるで子どもの目みたいに。いまでも印象に残っている。

船の慣例でおじいさんは水葬になった。乗船していた五百何十人の人たちが全員、正装で甲板上に並んでね。おじいさんの遺体が納められたひつぎに鉛が入れられ、日の丸の国旗に包まれて、船尾からエメラルドグリーンの海へスーッと消えていった。

あの海の色、そしてちょうど日没の時間で、大西洋の水平線には、オレンジ色に燃える大きな太陽が沈んでいく。それはまるで、おじいさんの魂のようだった。赤く燃えながら海の底に消えたんだ。

壮絶な男の死にざま。

野望を持つ男の生きざまというものを、強烈に見せつけられた思いだった。俺の血の中には、こんなおじいさんの熱い想いが脈々と流れているんだ。

運命は従うのではなく、踏み台にする

俺が五歳の時、おやじが死んだ。おじいさんより先に死んだ。当時で言う〝親不孝者〟だった。

おやじも、おじいさんに似てかなりの野心家だったそうだ。

もともとは戦前の内務省の役人で、警察畑を歩いていたんだそうだ。二三歳の時には警部補だったというから、俺と違って、当時としてはかなりのエリートだったんだろう。

でもおやじは事業欲のほうが旺盛だったとみえてエリート職をあっさり捨て、燃料屋を始めた。そこは〝昔の顔〟をきかせたのか、日本鋼管という一流会社の燃料を一手に仕切っていたというから、それはたいしたもんだと思うよ。家もデカかったし、垣根がずーっとあって、庭には井戸が二つもあった。横浜で名物になるほどの大きな一本杉が立っていた。

金ができると、おやじの野心は事業から政治のほうに移った。吉田茂とともに、

自由党の結党に肩入れして相当な金を使ったらしい。生きていれば自由党の元老になっていた男だと言う人もいるんです。残念ながら日の目を見ないうちに死んでしまった。

おやじが死んだ時、おじいさんが俺たち兄弟を集めて、

「おまえたち、大きくなったら何になりたい?」

と聞いたらしい。五歳の子どもの俺には、

「寛至、〝ソ〟のつくものがいいゾ」

と誘導尋問してきた。俺はまず「ソバ屋」と答えたというんだ。それくらいしか思い浮かばなかったんだろう。

おじいさん、その時は実にガッカリしたらしい。

どうしても〝総理大臣〟と言わせたくて、「違う、そんなソじゃない。違うソがあるだろう。ゾーリから点々を取ってみろ」なんてね。俺はそれでも「総理大臣」の意味なんてわからない。ただ、「ゾーリから点をとればソーリだ」と答えた。おじいさんは、それだけでも大喜びしたっていうんだ。

おじいさんにしてみれば、息子の果たせなかった夢を孫たちを集めて聞かせていたんだろう。二世議員への皮肉じゃないけれど、俺はそれまで血とか家柄とか、そんなことをいっさい拒否してきた。「ふざけんじゃねぇよ。家柄もクソもねぇよ、こんなに貧乏してるのに」と。

ところがこうやっていま自分が国会の場に立ってみると、自分では否定し切れない血というものがあるんだナと思い始めた。「三つ子の魂、百まで」という言葉があるけど、本当だなってそんな気になってきた。

（よし、それなら俺もがんばって、おやじが果たせなかった夢を果たしてやろう！）と、俺はいま燃えている。

たった一つの自信から一〇〇倍の見返りを得る

「猪木さんは、なぜプロレスラーになろうと思ったのですか」

このての質問は、国会議員になったいまでもよく聞かれる。でも、ちゃんとした理由なんてない。質問されるたびに、有名になりたかったからとか、その他いろいろ答えていたけど、実は、俺のおじいさんと、自分の体がデカかったことが大きく影響している。

俺がいま、曲がりなりにもプロレスラーとしてやってこれて、国会議員にもなれて、自分の生き方とか自分について自信が持てたというのは、おじいさんのおかげだと思っている。

俺が小さい頃、おじいさんは、家にお客さんがくると、すぐ俺を呼びつけた。そしてこう言った。

「見ろ、寛至の手を。デカいだろう。足もデカいだろう」

その時、純粋にほめてくれたのかどうか、いまとなってはわからない。あるいはほかにほめるところがないので、仕方なく俺のデカ手とデカ足を自慢してくれただけなのかもしれない。

でも、ジャリの俺としては、それだけですごく認められたという気がしてうれしかった。いま考えれば、子どもを育てていく時にその子の持っている特性をほめてやるという、よくある手なんだけど、それを実践してくれたおじいさんに俺は感謝している。それはたぶん結果的に、俺の心の中に、(俺は他人とは違うんだ!)という意識を植えつけてくれたと思う。(勉強ができなくたって、デカ足で勝負できる!)と。俺にはこういうものがあるんだということをわからせてくれたおじいさんは、俺の人生にとっては大きな存在だ。それは大人になったいまでも変わらない。

中学、高校になって、体が大きいというのも一つの自信になった。

よく、「大男、総身に知恵が回りかね」なんて悪口を言われるけれども、それは体の小さい人から見たたとえであって、見方を変えればやはり体が大きいのは一つの武器に十分になり得る。

たとえば団体で写真を撮るにしても、体の小さい人はあくせくと人の波を押し分けて前にいかなければ写らない。その点、体の大きい人間は、悠然《ゆうぜん》と後ろに立っていればいい。

ただ、人口の比率でいえば、金儲けをしてる人はわりと小さい人が多いという。これ、ホントです。やっぱりそれなりの劣等感というか、それをバネにしてるんでしょう。

日本の首相もわりあい小さな人が多い。小さいから頭がいいってことじゃないと思うんだけど、自分で気がついているかどうかは別にして、そういういろいろなハンデをバネにしていくんでしょう。わりと大きな人が押しが弱かったり、小さい人のほうが粘り強かったりということもある。要は、自分の考え方ひとつ。

俺の場合は、もう一〇〇%、体のデカいほうに賭けた。だって、仕方がなかった。

俺は二月の二〇日生まれ。二月、三月生まれというのは同じ学年の四月生まれの奴に比べると、すべてにおいてオクテなんだ。

子どもの頃の一年というのは、とんでもない開きがある。体だってデカいだけで運動神経がいいわけではなく、頭のほうもついていかない。そのギャップを、先生は理解してくれなかった。

だんだんと先生に疎外され、こっちには拒否反応が出る。

勉強なんか、意地でもしたくないって気持ちになる。

中学生の時は、試験はほとんど白紙で出していた。

これ、ホントです。ほとんど断絶だ。

でも心の中は煮えくり返っている。「よーし。勉強以外のことで、いつか見返してやるぞ」「やればできる」と思っていた。

そして、そのためには、なにか一つ、たった一つでもいいから認められるものを持とう――兄貴が陸上競技をやっていた関係もあって、俺は砲丸投げに熱中した。将来はオリンピックの選手になろうと思っていた。

これは、当時にはそんな言葉はなかったけれども、一つの個性化志向だったと思う。誰もがそんなことを考えていた。

現代は個性化の時代ってよく言われてる。でも俺から言わせれば、そんなの個性のない時代だからこそ持ち出されるキャッチフレーズであって、俺が子どもの頃のほうが、よっぽど個性のある人間が多かった気がする。

つまり現代は、劣等感を持たなくて済むような生き方を選択をしている奴が多すぎるように思えるってこと。みんなと同じように生きていくのは楽だけど、それで何が残るんだろうか？

やることはなんでもいい、どんなちっぽけなことでも一つの自信がふくらむと、思わぬところで一〇〇倍にも二〇〇倍にもなって見返りがある。

たとえ他人に〝馬鹿呼ばわり〟されたっていい。

「これなら他人には負けない」という自信をつかむことによって、一〇〇倍の自分を見つけることができると俺は思う。

※16　家族とともにブラジルへ移住し、サンパウロ市近郊の農場で働く。
※17　2番目の妻・倍賞美津子とは1971年に結婚し、87年に離婚。
※18　当時、新日本プロレスの若手のホープだった橋本真也（故人）と蝶野正洋。

3章

苦しい時ほど、かしこく開き直れ

苦しい時こそ本当に
逃げちゃダメだ。
自分が大きなことをやりたいと思ったら
絶対に逃げないことだ。

引き分け、負けも全部勝ちに変える発想法

一九七六年は、俺の人生の中での大きなターニングポイントとなった年だ。

その年、俺は、当時のプロボクシング世界ヘビー級チャンピオン、モハメド・アリとの異種格闘技戦を行った。

ルール問題が難航し、結局、

・スタンディング・ポジションでの蹴りの禁止
・頭突き、タックルの禁止
・ヘッドロック、バックドロップの禁止……など

俺にとってはかなり不利な制約の中での試合だった。だが、その制約の中で最善を尽くして戦ったつもりだった。その意味では〝負け〟ではないんだけど、世間がそれを許さない。新聞でガンガン叩かれて結果的には負けたようになってしまった。

その新聞を読みながら、俺、わなわなふるえていましたよ。いや、怒りじゃなくて、(しまった!)という気持ち。そして屈辱。それまで新聞でこんなにコテンパン

に叩かれたことはなかったたし、それはそれは落ち込んだ、ガックリなんてもんじゃない。アリにはこれから巨額のファイトマネーを払わなくちゃならない。そういう契約ですからね。翌日はもう、外に出るのも怖い。これで俺が金を払えなかったりしたら、それこそ、俺のレスラー生命の終わりだ。挫折体験の最たるものだった。

それに加えて自分の体を見てみれば足は真っ赤にはれている。いや、アリにやられたんじゃなくて、俺がアリをそれだけ蹴り飛ばしていたわけ。アリにそれだけのダメージを与えていたんです。これは試合を見ていた人にはわからないことだし、俺だって、（効いているはずだ）と信じているんだけど、その時はアリの様子について全然情報が入ってこなかったから。

実際には、アリは試合のあとすぐ日本に一番近い韓国に飛び、ソウルの病院に緊急入院していたんだ。症状は左脚の血栓症。つまり俺に集中的に蹴飛ばされたために血管が詰まり、血が通わなくなってしまった。

アリの母国アメリカのマスコミにも、これは極秘行動だった。マスコミに漏れれば、アリの世界最強神話ももろくも崩れてしまうところだったはずだ。

それと、俺が落ち込んだ理由がもう一つあった。

「あの試合はジョークだったよ」

というアリのコメント。アリ流のホラとしても、それを聞いた時のショックといったらなかった。共同記者会見を含め、アリが言うひと言は即座に世界に打電され、新聞で大きく報道される。話したとおりのことが細大漏らさず載っている。アリを取り巻く記者連中も世界中からたくさん集まってくる。ところが俺の言うことは、ホンの一部しか取り上げられない。

アリ陣営は当然のように「勝った、勝った」の大合唱。それだけならいいけど、「猪木、あのペリカン野郎はひきょうだ。芸者のように（リングに）寝てばかりいた」なんて吹きまくる。悔しかった。

悔しさと怒りで、いつまでもアリに憎しみを抱いていたら、その後の俺はなかったと思う。とうにリングから消えていたかもしれない。そこにいつまでもこだわっていたら自分がみじめだから、逆に俺はアリの強さを認めることにした。もちろん、そう思うまでには長い時間が必要だったが。

「すごいやつだ。やっぱり世界一だけのことはある。俺も日本一だと思っているけど、世界一にはかなわん」――素直に脱帽した。すると、その瞬間、俺のハートの中から冷たいしこりがスッと消えて逆にあったかいものがジワーッと湧いてきたんだ。心のしこりがあっという間に消えてしまったんだ。

熱せられたフライパンの上に載せたバターがとけ出すでしょう？　あんな感じとでも言おうか。自分が相手を認めた時にそうなった。自分でも信じられないぐらいの体験だった。

相手の欠点ばかりあげつらって、「何言ってやがる。あんなルールで戦ったからああいう結果になったんだ」とかなんとか思っている限りはダメだった。

「俺は力を出し切って戦った。でもヤツはそんな俺に攻めさせなかった。これはやっぱり、ヤツが一流の証明なんだ」とね。そして、「そんなすごいヤツと戦えたということ自体、俺にとってはすごく幸せなことだったんだ」――そう見方を変えた時に、俺の心の中でバターがとけ出し、絶望が希望に変わってしまった。挫折がいつの間にか勇気になった。

離婚のエネルギーから俺が学んだこと

倍賞美津子との離婚は、俺にとっては大きなショックであり、試練でもあった。まわりの連中は勝手な臆測でいろいろ解釈してたけど、そんなことも耳に入ってこないぐらい、正直言って落ち込んだよ。

彼女と初めて知り合ったのは、俺がアメリカの修行を終えて日本に帰ってきた時、先輩プロレスラーの豊登《とよのぼり》さんに紹介されたのがきっかけだった。

当時、彼女はまだSKD（松竹歌劇団）に所属していた。豊登さんはそのSKDの女のコたちの面倒をよく見ていた。

古いプロレスファンの方なら覚えているかもしれないけど、豊登さんは相撲出身で、ポパイみたいな太い二の腕が売り物だった。リングに上がって、その両腕をキングコングのごとく体の前で交差して自分の胸を打つと、カポン、カポンといい音がして、対戦するレスラーはみんなびっくりしたものだ。

その豊登さんが、あの顔と体で女のコたちに優しかった。SKDの踊り子というのは稽古がきついし、お小遣いもないというので、豊登さんがしょっちゅう食事に連れて行ったりしていた。その女のコたちの中に彼女がいたんだ。

会った瞬間、ピーンときた。一目惚れなんてもんじゃない、これはもう、宿命的出会いだとさえ思った。そう思ったらもう止まらなかった。

最初はいまでいうグループ交際だ。こっちだって金がなかったから。だけど、俺の場合の恋というやつは、金がないとか結婚を前提にするとか、ややこしいことはまるで考えられなくなるのが特徴。「とにかく一緒にいたい」——ただそれだけ。その気持ちだけで彼女に猛アタックした。

その時の俺は、相手にボーイフレンドがいるんじゃないかなんてことは、考えもしなかった。考えれば、あれだけの素晴らしい女で、しかもSKDのスター候補生とくれば、男がチヤホヤしないわけがなかった。

でも俺は考えなかった。そんな暇もなかった。不器用に、ひたすら猪突猛進。計算とか難しいことは一切なし。それが恋っていうもんじゃないのかな。ただ会いたいという気持ち。〝大人の愛〟とか、〝じっくり育てる愛〟というのは次のお話。

だから俺は、彼女の家にまで乗り込んでいった。お父さんが酒好きだというから、ちょっとフンパツしてスコッチのジョニ黒（当時は大したものだった）と日本酒の一升瓶ぶら下げて。「お父さん、一杯やりましょうよ」なんてなれなれしく上がり込んで、なんのことはない、ほとんど俺一人で飲んじゃって、翌朝気がついたら彼女の家で寝てた。俺、ひっくり返っちゃったらしい。

〝将を射《い》んと欲すればまず馬を射よ〟と、正面突破で乗り込んだのにこれはとんだヤブヘビ、わが恋もこれで終わりか、としょげ込んでいたら逆だった。案ずるより産むが易し、この一件でかえってお父さんに気に入られて、ようやく彼女との結婚にこぎつけられた。これも、自分の気持ちに正直に突っ走ったおかげだった。

ところが、この熱愛にも終止符が打たれる日が来た。新聞や週刊誌には、「アントニオ猪木夫妻、離婚の危機！　原因は莫大な借金か？」なんて書き立てられた。

彼女は、俺にとっては〝ライバル〟ともいえる女性だった。お互いにいいものを引き出し合える関係として、俺は彼女に惚れた。ところが、その力がぶつかり合う時もある。どうしようもなくぶつかってしまって、お互いが苦しくなることもあった。

それでもやはり、彼女との別れはショックだった。

実は、俺、彼女との別れの前にも、一度離婚を経験している。

最初の結婚は、俺がまだ二三歳の時。アメリカでプロレス修行中の身だった。相手はアメリカ人女性。籍には入ってなかったけど、六年間一緒に生活して子どもも生まれたから、俺にとっては結婚生活そのものだった。

ところが別れてしまった。正直に言えば俺が振られたわけ。それは俺が悪かったんだ。はっきり言って浮気。若気の至り……と言えばそれまでだったんだけど、その頃の俺は欲望のかたまりだった。女を求めるのは男の本能というけど、とにかく欲望を処理したい、そればかりが頭を支配していた。

プレイボーイなんてスマートでカッコいいもんじゃない。若さというのは、それだけでどうしようもないありあまるエネルギーだから、プロレスで目いっぱい戦って試合が終わっても、まだエネルギーがくすぶっているんだ。体の底から湧いてくる強烈な欲望というやつ。これは自分では抑え切れない。

それに、プロレスというのは、地方巡業が多い。当然、家をあける機会が多くなる。すると、旅の先々で手近な女性とつき合うことになる。当然彼女にとってみれば、これはすごい侮辱だった。

若い頃の俺は、とてもオクテだった。一七歳まで、オナニーも知らなかった。一四歳でブラジルに渡って、ずっとジャングルの中で暮らしてた。そんな面白いことを教えてくれる先輩も悪友もいなかった。だから、その反動が一気に出たのかもしれない。

いま考えると、いくら若かったからといっても、ずいぶんメチャクチャな生き方をしていたと思う、とくにアメリカでの生活は。だから、俺は、いまの若者に対してどうのこうのとは言いたくないし、とても説教できる立場ではないこともわかっている。

でも、これだけは自信を持って言うことができる。俺はその時々で常に真剣だったと。リングの上での真剣勝負とは別の意味で、俺は女性に対して真剣勝負を挑んできたし、相手もきっと同じ気持ちだったと思う。

二度も離婚を経験している俺だから、あまりカッコいいことは言えないけど、やっぱり、離婚なんてよくないことだと思う。できることなら、一度結婚したら死ぬまで一緒にいたい。でもこればかりはしょうがない。男と女に絶対はありえない。だからダメになった時に、どう自分を立て直すか。言い換えるなら、どう別のチャンネルに切り替えられるかが、生きていく上で大切なことじゃないかな。

倍賞美津子とは、お互いがライバルとして生きてきたし、彼女も自立した女性だった。彼女は正直に言ってくれた。「自分の人生をお互い大切にすべきだ」と。「子どもは子どもだ」と。子どもの将来も大切だけれど、まずその前に自分だから。きっと子どももわかってくれると思う。

そして三度目の結婚。二五歳の奥さん。

言われましたよ、みんなに。「あんなすてきな女房と別れたばかりなのに、よくもそうすぐ結婚するなんて、心の切り替えができるなァ」と。

友人たちはみんな、この俺が前のカミさんとの離婚で腑抜《ふぬ》けのようにしょげ返り、何にも手につかない状態を期待したらしい。

冗談じゃない。彼女との愛は愛。女で挫折するなんて馬鹿らしいじゃないか。

それに新しいカミさんに対しても俺は正直に愛してる。自分の気持ちを偽るつもりはない。前の女房も正直に愛したから悔いはない。そして新しい女房も正直に愛してる。何度も言うけれど……。

ただ、いまのカミさんは若いし元モデルだから、俺がメン食いで再婚したのかと思ってる人もいるんじゃないかな？　でも、それは違う。新しいカミさんは、外見の派手さ（？）とは違って内面的にはすごく、「良妻賢母型」だ。

結局、俺は遠回りしながらどうも、良妻賢母型の女性を求めていたのかもしれない。男が女の手のひらの上で踊っているというか、男が外で戦ってきて、家に帰ってきて安らぎを覚え、そしてまた外に向かっていく。いまのカミさんはそういうことに喜びを感じるタイプの女なんだ。

正直ついでに言ってしまうけど、俺はいまだって欲望はある。本当にこの年齢になっても、人間の欲望というのはキリがないもんだと改めて感じる。ベッドの上に一〇人の女性を素っ裸で寝かせておいて片っ端から……なんて考えることもある。もちろんできないけど。みんな同じじゃないかな、人前で言わないだけで。

これは、国会議員になったいまでも変わらない。国会議員になって他人の目がいっそう厳しくなって、宇野さん[※19]じゃないけどこのチェックの厳しさはプロレスラーの比ではない。宇野さんは、浮気しようとしたからやられたけど、では、浮気でなくて本気だったらどうするの？

俺の場合はそう。本気で惚れたんだったら右往左往しない。正直に言う。それで地位を棒に振ったって悔いはない。文句あるかって開き直る。でも遊びだったら俺は絶対にしない。女性に対して失礼だし、だいいち誠意がない。もし本気だったら、その恋がたとえ成就しなくっても女性からシッペ返しをくらうことはないと思う。

ある結婚相談所のデータを見せてもらったことがあるけど、男が圧倒的に多いんだ。一対八。女一人に男が八人も群がっている勘定になる。男が完全にダブついているわけ。

するとどうなるかというと、男が弱気になる。デートコースまで事前に下見しておかないと心配になる。「君が好きだ」なんて言って、ヒジ鉄食らわされたらどうしよう、そんな気持ちが先に立ってしまう。これは悲劇だ。戦う前から敗れているようなものだからね。かわいそうだとは思うけど、俺から見れば、そんな弱気な態度がかえってよくないと思う。

どうして自分に正直な気持ちで突っ走れないのか？ どうして正直に「おまえが欲しい！」と言えないのか？

俺は普通の人（？）の三倍、つまり三回結婚[※20]を経験したことになる。他人は「羨《うらや》ましいね」なんて言うけれど、本人にしてみればそんなもんじゃない。三回結婚したということは、二回離婚したということ。つまり二回は失敗しているんだ。

恋を成就させるにはかなりのエネルギーがいるけど、別れのエネルギーはその二倍以上かもしれない。傷ついた心をいやすのには時間がかかる。でも、落ち込むのならどこまでも落ち込めばいいと思う。真剣だったらそうならないのはウソだ。ドン底に落ちて初めて新しい自分が発見でき、次のチャンネルが見つかるはずだ。

辛いことから逃げ出す時、踏ん張る時

俺が参議院選挙に出馬した時、ある新聞記者に、

「猪木さん、あなたの公約はなんですか?」

と大まじめに質問された。

困った。自分に何ができるか。はっきり言ってその時はわからなかった。やりたいことはいっぱいあったけれども、何が約束できるかというと、そう簡単じゃない。スポーツを通じて世界平和ということをスローガンにはしたけれど、これまでの政治家のように、票をもらうためにアレもコレもと大風呂敷を広げ、うまいことを並べることは俺にはできない。

「政治家の選挙の時の公約ほどアテにならないものはない。これはわが国ではいわば常識だよ。だから気にすることはない。大いに美辞麗句《びじれいく》を並べていいんだ。当選後にその約束を果たさなくても、(選挙民は)誰も何も言わないよ」

そう言ってくれる自称〝選挙のプロ〟もいたけど、できもしないことを約束してしまうことはやっぱり俺にはできなかった。

だから「公約は?」と聞かれた時、つい冗談を言ってしまった。「コーヤク?それはトクホンだよ」と。膏薬《こうやく》だからサロンパスでもよかったんだけど。記者たちは一瞬ポカンとしてた。ジョークが通じなかったんだ。本当は、俺もそんな偉そうなことは言えた義理じゃない。何度、約束をホゴにしてしまって自分もまわりも苦しめたか。それを考えると、「公約は？」と聞かれて、「アレもやります。コレもやります」とは言えなかった。だって、「しまった！　あんなこと、言うんじゃなかった！」と頭を抱えた体験を、何度もしているからね。

そんな時は、誰にも会いたくない。会いたくないというより、会えない。もう逃げ出したい。だから外出するのもイヤ。電話にも出たくない。

約束事で一番きついのは、お金がからんでいる時だ。

借りる時は自信を持って「返します」と言っているし、実際、そのつもりでいるんだけど、人生、そう自分の思いどおりには運ばない。運んでいればもともと借金なんてしないわけだから。でもそれを忘れて、大見得を切って借りるわけ。それで何十億円という借金地獄にはまった。

案の定、返済期日が来ても返せない。そういう時に電話が鳴る。ドキッ！　心臓に悪い。催促の電話だってわかっているだけにね。そこで居留守を使う。とにかくその場から逃げたい。それしか頭にない。試合前の控え室まで借金取りが来たことがある。リングで勝ったあとに「ダァーッ」とやっていたけど、心中おだやかではなかった時が何度もあった。

だけど、逃げるだけじゃ何の解決にもならないんだ。わかってはいても、人間こういう修羅場になると、とにかく逃げたがる。人間の弱さだろう。俺だって辛《つら》い。身を切られるより辛い。

そんな時、ある先輩にこう忠告された。

「猪木よ、絶対に逃げるな。逃げちゃダメだ。金を借りたら、その人のところにひんぱんに顔を出せ！」

ふだんからこうして人間関係をつくっておけば、もしお金を約束の返済期日に返せなくなっても、逃げ回るんじゃなくお詫びに行ける。逃げ回れば逃げ回るほど、貸し主との人間関係が崩れていく。

よく考えてみると、お金を貸してくれるというのは、初めはいい人間関係からスタートしてるわけだ。信頼されてるからこそ、約束が成り立つんだから。

ところが会いもしない、電話にも出ないじゃ、人間関係はブチ壊し。壊す原因を作ったのはこっちなんだからね。苦しいのは当たり前だ。

それ以来、俺は先輩の忠告を守っている。本当にいいことを教えていただいた。ふと辛くなって逃げたくなる時も、(逃げたらダメだ、逃げたらアカン!)と自分自身に言い聞かせ、苦しいけれども会いに行く。会ってお詫びをし、事情を訴える。

そうやって顔をつないでいけば、「あいつは本当に金がないんだな。しかし誠意はある。信頼できる男だ」と。こうなれば次の借金もできる。

この借金地獄は本当に苦しかった。事業をおこしたための借金だったけれど、とにかく金を注ぎ込んでも注ぎ込んでもメドが立たない。だけど、天に恥じることはなかったよ。この事業は、自分の欲得ずくの問題ではなかったから。

いま、地球の温暖化ということが声高に叫ばれている。俺はもう一〇年も前からこのことを言い続けてきた。その原因の一つは森林の伐採。ジャングルがどんどん失われてきている。そこで、砂漠の緑化を事業として一〇年も前から手掛けている。

その技術を開発するために莫大な資金を注ぎ込んできたわけだけど、その当時のマスコミはメチャクチャ非難した。「借金王だ」とかいろいろ。ひどい時にはこんなこともあった。俺がインタビューで地球の人口問題に触れ、「二〇年くらい前の人口が二五億人、それが最近では五〇億近くなっている」と言ったら、いつの間にか「大変だ、猪木の借金が五〇億になった」になってしまった。いまになってマスコミは、手のひらを返したように「地球を救え」なんていう大キャンペーンを張っているけど。

当時は本当に苦しかった。だけど本当に逃げちゃダメだ、そういう時こそ。自分が大きなことをやりたいと思ったら、絶対に逃げないことだ。

その時に大切なのが、自分のやっていることがどれだけ人の役に立つかということだと思う。金を返せないとか、時間を守れないとか、そういう約束が守れないことは人間、誰しもある。だけど、問題はその理由。女遊びとか、バクチのためなんてのは問題外。自分の欲得で金を借りようとか、時間に遅れたりすると本当に地獄だ。誰も相手にしてくれなくなる。

もう、借金なんて屁《へ》でもない。こんなことを言うと、借金取りが怒って来るかな。

「猪木よ、絶対に逃げるな。
逃げちゃダメだ。
金を借りたら、
その人のところにひんぱんに顔を出せ！」

でも借金だって自分に徹し切ってやればもう怖くない。この数年、あることないこと、悪いことは全部言われ尽くした。しかし、俺のことを理解して応援してくれる人もいる。そういう人たちに必ず報いるという自信もついた。

お金は儲けようとするほど逃げていく理由

この本を読んでいるキミが何か事業を始めるとする。しかし金がない。なければ借金するしかない。その借金を引き出すには、第一に必死の姿勢でないとうまくいかない。事業計画がどうのこうのという前に、キミののめり込み具合がまずテストされるはずだ。〝巧言令色鮮し仁《こうげんれいしょくすくなしじん》〟というけれども、こういう時は弁舌巧みな一〇〇の能弁よりも、純粋な姿勢のほうがモノを言う。これは俺自身がそうだったから、確信を持って言えることだ。

俺はいま、二〇億円から三〇億円の借金を抱えている。借金の原因は事業にある。俺の事業は、ブラジルのサトウキビのカスをバイオ処理して動物飼料《しりょう》に再生し、畜産事業を大いに伸ばす。その家畜が排出したフンを有機肥料としてまいて植物を繁茂させ、緑を守る。緑が多ければ、光合成できれいな酸素がたくさん生まれ、人間にとっても役に立つ。言ってみれば自然環境のリサイクルだ。

実現すればブラジルが国家事業にしてくれる、と言っているのだが、なにせ相手がバイオだけに基礎実験の段階で膨大な金と時間がかかる。とくにお金は湯水のように突っ込まされた。そのために借金がどんどんふくらんでいった。いまは借金も細かいものや金利の高いものは整理して、このバイオ事業に本当に夢をかけてくれる人たちからのものだけに整理している。

だから一番安い金利でお願いしている。事業自体やっと軌道に乗って、あとは利益が出てくるのを待つだけになった。二〇億~三〇億円の借金なんてどうってことない。借金を解消するのに、あと二、三年、長くて五年かなと思っている。

その事業についてはまだ誰も知らないことがたくさんある。

事業を始めて数年たった頃だ。バイオ技術の件で事業が頭打ちになり、ニッチもサッチも行かなくなったことがあった。どうしても現在よりもっと質の高い、バイオ技術の専門家の手を借りなければならない。

そんな時、知っている人が林原《はやしばら》生物化学研究所というところを紹介してくれるという。林原さんは、バイオ技術の権威者だ。でも、金はない。あるのは俺の熱意だけ。しかし、その技術をお借りしない限り、俺の事業はうまくいかない。

俺は必死だった。プロである林原社長を前にして、俺は聞きかじりのバイオ論を必死で語ったらしい。一時間も……。いまでも社長には笑われることがある。いま考えてみても顔が赤くなる。でも、そのおかげで林原社長の技術的援助を得て、俺の事業は軌道に乗ることができた。

世間では、俺が佐川急便の佐川会長からン億借りていると騒いだ。たしかに五億円借りていたが、それは俺と佐川会長との間にいろいろと人が入っていて、ちょっと不純なものがからんでいた。その後、会長と直接の信頼関係ができてからは、実はもっと借りていますよ。それもこれも、俺が命がけで涙ながらに訴えた結果。俺の必死の形相、もうあとのないところまで追い詰められている俺の真意を、会長が理解してくれたからなんです。

もちろん、事業をやるからには儲けたらいい。お金というものは素晴らしいものだ。エネルギー源になる。人間は金だけじゃないと言うけれど、実際に人間は金で動くということもまた事実。ただ、逆説的に言えば、儲けることにも純粋にならないと、金は儲からない――ということだ。

ブラジルのバイオ事業が動き出して、俺の次なる事業は黄金の夢だ。バイオ事業が、自然環境のリサイクルというきわめて地球規模的に意義のある難しい仕事だっただけに、今度の事業はもっと天真爛漫《てんしんらんまん》に楽しめるものにしようと思っている。そのプロジェクトは、黄金が眠っているカリブ海の沈没船の引き揚げだ。

沈没船の引き揚げといえば、世界のお金持ちがあちこちで試みている。モーターボートの笹川先生[※21]も、ロシアの沈没船ナヒーモフ号を手掛けられた。実際に多くの金銀財宝が世界中の海から揚がっている。

だが、対象がなにしろ広いあの海。ポイント一つ決めるのも容易じゃない。史実を発掘し、沈没船のありかを限定し、ベテランダイバーをもぐらせ、最後はサルベージ（引き揚げ）する……。とにかく、規模がでかいし、成功するまでにいったいどのくらいの先行投資が必要なのかもわからない。しかも、やり始めてみても、必ず成功するとは限らないのだ。

しかし、夢はある。絶対的に夢のある事業なんだ。

そこで俺はキューバに目をつけた。この前カストロ首相にお目にかかった時、「何か夢のある話はありませんか？　たとえば沈没船とか……」とたずねたら、「ある」と言うんだ。カリブの海には、一〇〇〇隻も沈んでいると。かつて海を渡る隊商たちが、船いっぱいに金銀財宝や貴重な交易《こうえき》品を積んでカリブの海を通りかかり、嵐に遭って難破しているという。インカの財宝を積んだ船や、一個何万ドルもするコインを積んだ船もあるらしい。

そのうち、七七隻は名前も航行ルートもわかっている。さらに沈没場所と深さも確認できているのが六隻。一番浅場にあるやつは、なんとたったの六メートル下だって言うんだ。難点を言えば潮流の速さ。ものすごく速いらしい。すでに船体は海底を移動する砂に二、三メートルも埋まってしまっているという。さっそく、日本の専門家に聞いてみたら、そんなことは、日本の技術をもってすれば簡単らしいんだ。

ただ、キューバの領海内ということで、引き揚げようにもこれまで誰も認めてもらえなかった。でも、俺ならできるかもしれない。カストロさんも乗り気だった。これは、やれば間違いなく出てくると俺は思っている。

昔の俺なら、欲をかいて、「よし、俺が全部引き揚げたろ！」なんて考えたかもしれない。でもいまは違う。やりたい人に口をきいて、実際に財宝が揚がったら、その何％かを俺の政治家としての夢に投資してくれ——と言ってある。俺にはアマゾンに世界環境大学を作るとか、いろいろやりたいことが山積みだから。

政治資金だって必要です。俺は〝きれいな政治〟なんて言うつもりはない。政治には金がかかる。そのことを俺は自分が政治家になってみてより実感した。政治家として崇高な夢を持ち、その夢を実現しようとするとホント、お金がかかることばかりなんです。

坂本龍馬は借金の天才だったという説がある。要するに天下国家を論じて、彼に共鳴した人間が金を出した。だから彼はその借金を恥とも思わなかった。現代は龍馬が生きた時代のように乱世ではないけど、でも、俺も頭を下げて金を貸してくれという時代は終えて、龍馬のような借金をしたいものだ。

若い人がついてこない組織にはワケがある

あれは長崎のホテルだった。

小さく開いていた窓から、突然、雨のしぶきが寝ている俺の顔にかかってきた。

「ちきしょう、冷てえな」

その瞬間、俺は（これだ！）と思った。

結局、俺は雨男なんじゃないか。

雨男――つまり、降らせる側は何にも知らないけれど、雨が当たったほうの人間は腹を立てる、頭にくる……。社長とか、立場の強い側はこの雨を降らすほうなんだ。だから下にいる人間のことを考えているつもりでも、知らず知らずのうちに傷つけてしまっていることがいっぱいあるんだな、と。

かつて幹部[※22]選手に造反して新日本プロレスを作った俺だけど、その俺が造反劇に遭ったことがある。

俺は社長としての俺の論理で、（なんでみんな俺の言うことを聞かないんだ）と悩んだことがある。例の造反劇。[※23] 長州とか前田とか若い連中が造反した。あの時ばかりは俺も本当に悩んだ。俺は決して銀座のクラブで一晩に何十万円もパアーッと使ったりはしない。でも、ある程度の資金ぐりはした。次元は違うといっても、昔のことを知らない連中には理解しにくいことだったろう。

俺も初めは、腹立ちまぎれに「おう、いらない者が出ていったんだからどうってことない。ゴミ掃除をしたようなもんだ」と強がりを言ったら、ある人に「それは言っちゃいかん」と大変怒られた。

その時はさすがに孤独を感じた。俺はまた一人になってしまった。

世界を救えたらと思って自分が始めた事業。夢なら「俺は正しい」「世界はこうなんだ」とパワーで押し切ったけど、いま、ついてくる人間にものすごい負担を与えているんだなと。そう思ったら、俺自身が随分若い選手を傷つけてきたかもしれない――とわかってきた。

俺の昔の造反は、若い者が伸びられないという、プロレス界のそういうシステムに対する挑戦だった。

それをブチ破ろうとして〝追放〟されたのだが、いまの選手たちにも、それなりの理由があるんだろうと。

だから、この春（一九九〇年二月）、東京ドームで久しぶりに坂口征二とタッグを組んで若手と戦った時、俺が怒ったのにはわけがある。

試合の直前だった。俺は自分を最高の状態に持っていくために、控え室で必死に精神をコンセントレーションしていた。その時だ。テレビのリポーターが入ってきて、俺にこう聞きやがった。

「猪木さん、負けたらどうしますか？」

その瞬間、俺の手が出ていた。

「馬鹿野郎！　負けることを考えて戦うやつがどこにいるんだ！」

まったく馬鹿げた質問だ。感性のかけらもない。人の痛みを感じない人間なんだ。面白ければいいという発想だけ。だから人を傷つけることを平気で聞く。昔の俺だったら、そんなに気にはならなかったし、第一、俺に「負けたら……？」なんて質問するアホウもいなかっただろうけど……。

いま、結果的には長州はじめたくさんの人たちが新日本プロレスに帰ってきて、がんばってくれている。

前田は出ていったままだが、この先どうなるかは俺にもわからない。

バクチ体験で知った自分への賭け方

借金は人に負けないぐらいしてきた俺だけど、自分の金には縁のない人生だった。これからもきっとそうだろう。

ブラジル時代は、ジャングルでの生活で稼ぎもなかったけど、金を使う場所もなかった。

力道山の家で居候《いそうろう》している時も辛かった。お小遣いしかもらえない。とにかく腹が減るんだ。でもパンを買う金もない。そのうち巡業に出てギャラをもらったけど、食い物屋にツケを払ったらパー。

二一歳でアメリカに渡った時は、いつもバクチでスッテンテンだった。

当時は、試合が終われば毎日その日のギャラが手に入った。そのギャラを二倍、三倍にしてやろうと、バクチ場に行く。路地裏でやってる非合法のやつ。メシよりも先にバクチだ。ところが気がついてみると、結構なギャラがスッテンテン。メシも食えずにホテルまでトボトボと。思わず持っていたバッグを逆さに振ったら、チャリン、チャリンと五〇セント玉が二つ落ちてきた。

一ドル。助かった、天の助けだ！　この時は涙が出るほどうれしかった。さっそくスーパーに飛び込んでホットドッグを買った。そしたらお釣りがずいぶんと来た。レジのおばさんが、ひとケタ間違って入金を打ち込んだんだ。俺、その釣り銭をグッと握りしめて逃げるように帰った。シメた、儲けたゾーッて。

でもひと晩悩んだ末、次の日俺は金を返しに行った。人間、貧すれば鈍するというのは本当だ。夜、俺の心をさいなんだのは、「心の貧乏人にはなるな」という祖父の教えだった。

以来一〇年くらい、こりずに同じような金の使い方をしてきたが、ある日から俺、いっさい遊ばなくなったんだ。バクチで負けるのが悔しくてやめたんじゃない。どうして俺はバクチに勝てないんだろうってずっと考えていたんだけど、それにある日、フッと気がついた。

バクチ場のトイレで、ふと鏡を覗き込んだ。あれ？　ここに映っているのは誰だい？　俺かい？

そこに映っていたのは、土気色《つちけいろ》の肌をした、金にとりつかれた鬼の顔だった。それでなくたって鬼みたいな顔をしているんだから。こりゃいけないと思って、その時を限りにスパッとやめた。それまで、自分では勝っても負けても冷静な男だと、いっぱしのギャンブラー気取りでいただけにショックだった。

酒、女、バクチ——。俺はひととおり経験してきたけど、何が怖いってバクチほど怖いものはない。財産がいくらあったって、一晩でスッてしまうんだから。

ただ、バクチの効用というのもあるんだ。適正規模ならね。というのは、バクチの体験というのは、ある意味で人生に生きてくるからだ。

まず、命と同じくらい大切な金を賭けてるわけだから、これは度胸がいる。男の決断をしなきゃいけない。一発やるか！　ここが勝負だと。本当に試されるね。人生、そういう場面が何度かあるわけだから、この経験は大きい。

第二に、人間、お金をセコセコと貯めるばかりでは生きている甲斐がない。よくいるでしょう。ウジウジと、なんとなく人生が終わってしまう人が。あとになってから、あれもしておけばよかったとか、これを買っておけばよかった……とかね。自分の賭け方がわからない人というのは、やっぱりみじめです。

たとえば、若い頃からコツコツと貯金するのもいい。たぶん、老後の保障を考えて、いろいろ財テクをやるのも結構。そういう面からいえば、俺なんか金銭感覚はゼロだ。とにかく年金とか将来の保障とかは考えないで、その時その場を目いっぱいやるだけ。

レスラーでもいます。保障、保障って叫ぶやつが。たしかにレスラーというのはケガが多い。その意味では保障も必要だ。正論ではあるけど、でもほかの仕事と違うんだ。保障のない世界に生きているからこそ、高いギャラを払ってくれるんだから。

結局、俺の生き方というのは、保障のないバクチ人生なのかもしれない。でも、そういう生き方がわりと気に入っている。

※19 1989年6月、第75代宇野宗佑《うのそうすけ》内閣が発足するものの、自身の女性スキャンダルが響いてわずか69日で退陣した。

※20 三度目の結婚も、2012年に離婚。17年に四度目の結婚をしている。

※21 大正・昭和時代の政治家・社会奉仕活動家。戦後、A級戦犯として収監されたが不起訴、釈放後、日本船舶振興会（現・日本財団）会長等を務める。

※22 日本プロレス幹部との確執から1971年12月、猪木は日本プロレスから追放処分を受ける。翌72年1月に新日本プロレスを旗揚げした。

※23 前田日明《あきら》は1984年2月、新日本プロレスを退社し、UWFに移籍。長州力は同年9月、新日本プロレスを退社し、ジャパンプロレスを旗揚げ、全日本プロレスへ移籍した。

4章

「下座《げざ》の心」を持てば、人生ラクになる

いつまでも
ベッドの中にいては、
外が晴れているか
雨が降っているのかもわからない。

臆病が力になる〝一歩退く勇気〟

小学校の頃は、いつもケンカを仕掛けられていた側だった。
たしか三、四年の頃だ。まだ教室が圧倒的に少ない時代だったから、同じ教室を午前と午後で二回に分けて授業をしていた。いまでは考えられないだろうけど、そういう時代だった。

そうすると、午前のやつと午後のやつとでもめるんだ。面白いもので、同じ学校の、同じ学年の生徒なのに連帯感がなくなってしまう。掃除の仕方が悪いとか、午前組のやつが午後組の女のコにちょっかい出したとか、そんな屁でもないことでケンカになる。団体戦だ。

ところが俺は体がデカいから目立つ。一対一なら負けやしないけど、ちょうどぶつかり合った時こっちの人数のほうが少ないと、敵は「あのデカイのをやっつければ勝つぞ」てんで俺を目標に数人がかり。角材持って殴りかかってくる。素手じゃ俺に勝つ自信がないんだろう。

こういう時はどうするか。正直言って逃げる。それしか手はない。一歩退《ひ》く勇気もまた、大きな勇気なんだ。だって、戦ったら絶対に負けるとわかっている時戦うのは猪突猛進。必ず失敗する。逃げるが勝ち。たとえ臆病とそしられたって、それは一過性のもの。その時は負けたって、次に相手を一人ひとり待ち伏せして素手でコテンパンにやっつけてしまう。もっとも、そういう弱いやつらはたいてい群れているけど。集団でいないと不安なんだ。

たまには、逃げてもつかまってしまうことがある。体がデカいかわりに足が遅い。相手に足の速いのがいたら一巻の終わり。囲まれて、角材が飛んできて、（アッ、やられる！）と覚悟したその瞬間に、どっかのおじさんが「コラー、やめろーッ」。

昔はいたんだ、こういう大人が。子どものケンカをキチンと止められる大人が。いまどきの大人は止められない。第一、父親の権威というものがなくなってるから、自分の息子にバカにされる。

子どもは子どもで、外に出てケンカすることができないから、家の中で親にあたる。家庭内暴力というやつ。金属バット殺人だとか、[※24]女子高生のドラム缶詰め殺人なんてのはその典型じゃないだろうか。

昔は子どもにケンカはつきものだったから、よくケンカをした。でも、これ以上は越えてはいけないという一線があった。暗黙のルールというやつ。止めどころを知っている。相手をトコトン痛めつけない。

ところがいまはどうだろう。簡単に人を殺してしまう。最近は、たしかに俺たちが若い時よりもストレスが多いだろう。とくに人間関係で悩んでいる。それはわかる。

でも、車で追い越されたからアタマにきて殺したとか、満員電車で押されたからホームから線路に突き落としたとか、そんな衝動的で短絡的なのは誤った戦後教育のせいだと俺は思っている。

憲法の下《もと》に、人間はみな平等——と、それはそれでいいことだ。でも平等の意味を履き違えているところがあるんじゃないかな。平等というのは、誰でも等しくチャンスをつかむことができます、という平等であって、なんにも努力しないで、「やつは俺より金を持っている。おかしい」とか、「いい地位に就いている」と不平不満を言う。これはジェラシーでしかない。

昔も、車を追い越されて（この野郎！）と思うことはあった。しかし、では腕で競争しようというのがあって、負けたら素直に相手をたたえる余裕があった。いまは「てめぇ、この野郎！　俺よりいい腕してやがって許せねぇ。死んじまえ！」とこうでしょう。

そういう時にフッと自分の感情を抑える冷静さ、いまの男にはないね。だけど「ホントの勇気」っていうのは、そこで踏みとどまることでね。

人間は生きているといろんなことに刺激される。俺はよく大海にたとえるんだけど、太平洋が揺れる、水面上は大シケ。ところがわずか二メートル下は静か、海の底のほうなんかはもう静寂と無の世界。

その世界を無の意識とか超越とか言うんだけど、そういう意識の中にいつもいるということは凡人にはなかなか難しい。人間だからテンションも上がったり下がったり。ただ、そういうことを知っていれば、ワァッと上がった時に自分を抑制することができると俺は思う。

そこで俺は、そういう若者たちをアマゾンの世界環境大学に入れて鍛えてやろうと思っている。

「世界環境大学」――これは、俺がもう一五、六年も前からあっためている企画だ。たとえば暴走族。夜中にブワーッブワーッと走り回って、ホントに腹が立つ。でもなぜ彼らがそうなっているのか？　暴走族の本性は何なのか？　それを突き詰めた人はいないと思う。

それで、一回、暴走族をアマゾンに連れていってやる。オートバイであの荒野を思いっ切り走らせる。そして「アマゾンの大木を一本自力で切り倒してみろ！」と。木を切り倒すと森林破壊だけど、大企業の乱開発じゃなくて人間が一本の木を切り倒すだけだ。チャンと植林しておけばそのくらいは問題がない。そうすれば手にマメができる。チェンソーなんて使わないで、手のこでギシギシと引く。マメが噴き裂けるほどやらなきゃ木は倒れない。そういう体験をしたら、暴走族連中にも何か変化が起きるかもしれない。

毎年、何十人か連れていく。帰ってきて、「俺はやっぱりゾクのリーダーになる」

というやつはそれはそれで結構。もしかして中には、「オレはもう暴走族なんてやめた。アマゾンの自然を守りたいから、オレはこの大アマゾンに残る」という者も出てくるかもしれない。これが、世界環境大学のテーマなんだ。

この発想は、かつてパラオに子どもたちを連れていった体験にもとづいている。その子たちがいまではみんな優等生になったんだ。別に特別な教育をしたわけでもない。ただ、一週間、自由に遊ばせただけ。

たとえば、子どもたちをつかまえてヘッドロックをかける。「みんな、ヘッドロックなんて痛くもなんともないように見えるだろう? すぐ抜けるって。だけど、ホントにやってみると、こんなに痛いんだよ」と。ちょっとやると、「アッ、イテテテーッ」となる。体験でわかるんです。

暴走族だって、自分たちに興味を引かせるために、理解してもらいたくてやっている行動なのかもしれない。暴走族をなくそうというのではなくて、彼らの深層心理にちょっとだけ入ってみようかな、と、そういう感じなんだ。

ケンカの話に戻るけど、男だからケンカをしなければならない場面が必ずある。

これは避けては通れない。「ここで負けたら、一生なめられる」という場面があるよ。しかし、殺人になるようなケンカは問題外。だから事件が起きるたびに、「よし、俺がケンカの仕方を教えてやる」という気になってくる。指導してやりたくなるんだ。ケンカしないでも勝つ方法を。

ケンカの原点は、兄弟ゲンカだろう。男兄弟のいない人には申し訳ないけど、これは勉強になる。兄弟ゲンカは、初め、兄貴のほうが手加減する。やがて弟のほうが体がデカくなったりすると、ある時を境に力関係が逆転する。こんどは弟のほうが手加減する。ケンカをする前に、ケンカにならないように兄貴を立てる。そういうことを覚えていく。これが大事なんだ。ケンカの手加減、人間関係での手加減。これを体で覚えるのが、大人になるってことだと俺は思う。

つまり〝一歩退く勇気〟。「臆病の強さ」だ。

ベッドの中にいては〝外の景色〟は見えない

もちろん、人生、いつもいつも〝一歩退いて〟ばかりいても前進がない。こんどは〝一歩踏み出す勇気〟を身につけなくてはならない。

いまの若い人、エネルギーはあると思う。若い人にエネルギーがないはずはないし、若さっていうのは絶対的なものだから。ただ、それをどこかで抑圧してしまっている。社会がそうなのか、必ずしも若い人だけが悪いとは思ってはいません。だからこそ、そういう意味で体験を積む場をもっともっと設けてほしい。そうすれば、体験から生まれる自信、あるいは自分の愚かさなど、いろんなことを感じることができるようになる。つまり、「一歩踏み出す勇気」だ。

俺が日本プロレスから〝独立〟したのは二九歳の時だった。カッコよく言えば独立だけど、実際は追放されたわけ。結局、俺は先輩たちから〝不逞《ふてい》の輩《やから》〟、〝認めるわけにはいかない存在〟として、組織から追い出されたんです。

理由は簡単だった。

当時、会社の幹部選手ときたら、一晩に何十万円とか一〇〇万円も銀座で飲む。それも毎晩のように。当時の何十万円だからこれはえらい額だ。それにカラオケなんて便利なものはまだなかったから、生のピアノで飲めや歌えやのドンチャン騒ぎ。

そこで俺は言ったんだ。「先輩。ご自分の金で遊ぶのは構わないけど、会社の金でしょ？　それなら、その半分でもいいから俺たち中堅以下の選手にギャラを払ってくれませんか？」と。

これは正論です。だから俺より下のやつはみんな俺に味方するかといったらそうはいかない。若手の連中も先輩たちのご相伴《しょうばん》にあずかるもんだから、ホイホイけつ振ってついていく。当然、練習にも身が入らない。

冗談じゃない。練習も満足にしないで、「ヒェーイ」と空手チョップ飛ばして相手が「イテテェ、まいった！」なんてやってるプロレスに誰が魅力を感じますか。それこそ「プロレスはショーだ」なんて言われてしまう。

俺は怠けているやつを見たら徹底的にブチ食らわした。お互いに技量もなにも磨いてないやつらがリングに上がって遊んでいるから、「プロレスは八百長だ」なんて言う人間がたくさん出てくるんだ。

これでは日本のプロレスはダメになる――その時、本気で俺はそう考えた。純粋に考えて仲間に相談すると、それがいつの間にか尾ヒレがついて幹部に伝わってしまった。

結局、俺は幹部批判の急先鋒ということで、俺だけが悪者になってしまった。それからだ、俺が自分のプロレスというものを作ろうと思ったのは。完全に新しい〝猪木流プロレス〟を作ってやろうと。これは、俺にとって〝一歩踏み出す勇気〟を要したけど、俺の決断は間違っていなかった。

もちろん、その時の俺にはスポンサーもいなかったし、独立を周到に準備していたわけでもなかった。言ってみればまったくの行き掛かり。計算なんてこれっぽっちもなかった。ただ、やれるところまでやってみようとね。

俺の座右の銘に一休禅師のこんな言葉がある。

「踏み出せばその一足が道となり、その一足が道となる」

俺はいつもこの精神で生きている。

その点、いまの若手レスラー、またはレスラー志願の若者たちにひと言申し上げたい。入門する時にすでに引退のことを考えているのが多い。やれ待遇はどうの、年金はどうのと。プロ野球の二軍最低保障みたいなことを言っている。

俺は、入門してレスラーになった時には、引退のことなんか考えもしなかったよ、絶対に。とにかくチャンピオンになってやろう、そうすればお金は自然に入ってくる——と。メインイベンターになれば、ファイトマネーだってどんどん上がってくるんだから。こういうのこそ〝計算ずくのもろさ〟というやつじゃないかな。(いったい、プロレスラー生活何年で俺の貯金通帳にはいくら残るのかな?)なんて計算しているやつに限って、たいていはチャンピオンになれずに消えていくんだ。

もっと言えば、これまでにも、偉大なチャンピオン目前の有望な若者がたくさんプロレスを去っていった。造反劇といわれて孤立し、引退を余儀なくされる。いろんなもめ事があったが、これはすべて金銭がからんでいた。金はもちろん大事な要素だが、目先の金に惑わされて、自分の大事な人生を失う選手があまりにも多い。わずかな金銭で自分の一生を、あるいは大事な人間関係をいとも簡単に失っていくのがはなはだ悲しいよ、俺は。

とにかく、このトシになってもまだ俺には計算がない。明日のことが心配になる時は自分が倒れる時。倒れたらその時考えればいいと思ってる。

だからモスクワで戦った時も、あの零下二〇度のところで、朝四時に起きて走った。

「デモンストレーションで裸になれるか?」と水を向けられれば、「ヨーシ、やったろ!」と戸外で上半身裸になった。仲間はみんな、「自殺行為だからやめろ」と反対したけど。俺はそういう男さ。

だから、「一歩踏み出す勇気」を持てない人にはこう言ってあげたい。

「あまりにも人を気にしすぎるな」と。

悩みのないやつなんていない。その悩みをどう解消していくか。

その方法として、俺はよく窓にたとえる。

窓も、厚いカーテンを引いたら真っ暗だ。そのままベッドの中にいれば、朝が来ても暗いまま。ベッドを出て、そのカーテンを開けてみなければ、外はまだ夜なのか明るくなったのかわからない。

いつまでもベッドの中にいては、外が晴れているか雨が降っているのかもわからないんです。だったら一歩ベッドから起き上がってカーテンを開けてみる。晴れていれば光がいっぱい差し込んでくる。〝心を開く〟というのも、これと同じことじゃないのかな。

とことん〝バカ〟に徹してみよ

新日本プロレスには毎日のように若い人が入門志願してくる。

「キミはどうしてプロレスをやりたいの?」

と聞くと、口をそろえて、

「人気者になりたいから」

「プロレスが好きだから」

と言う。

それを聞いて、俺は(ン? ちょっと待てよ)と思ってしまう。世代が違うと言われればそれまでだが、俺の場合は、純粋に自分の力を試したいということだけだった。可能性を試すには、力の世界が一番明確でわかりやすいから。

だから俺は、力道山のすべてを盗んでやろうと思った。行動から言葉まで、すべてを。コックさんや板前さんの修業は、いちいち教えてくれるわけではなく、すべて自分で盗むものだという。それと同じだと思う。プロレスをやるからには、ほかのレスラーには負けたくない。その時は力道山を超えようとは思わなかったけれど、とにかく力道山と生活をともにするというチャンスをもらっている。当時の俺にとって力道山は神様に近い存在だったから、神様の言うこと、やることをそっくり真似すれば俺も神様になれるはずだ、先輩プロレスラーたちにも絶対勝てるようになる——と、純粋に信じていた。

ところがいまの若者は、そういうことはしないようだ。俺の付き人になっても、それは〝仕事〟と割り切っているだけで、俺からすべてを盗もうという貪欲さがない。「コノヤロー、いつかオレが……」というギラギラとした迫力が見られない。

いまの時代は、新聞、雑誌、テレビ、ビデオ……と、黙っていてもあらゆる情報が手に入ってくる。パソコンのキーボードを「ポン」と叩くだけで、昨日地球の裏側で行われた小さなプロレス試合の結果まで簡単にわかってしまう。だから、別に「師匠」みたいな小うるさい、わがままで威張りちらす人に教わらなくてもすんでしまうのかもしれない。

たしかに、目の前の生身の人間は、いいところもあれば悪いところもある。不合理なこともずいぶんやっていることも確かだ。しかし、その世界では少なくとも経験を積み、その経験の中から編み出した自分なりの〝極意〟というものがあるんじゃないだろうか。

俺に言わせれば、人が加工した〝情報〟というものは、体験に裏打ちされていないから、実に薄っぺらな紙一枚の知識だと思う。しかも身についたものではないから、いざ実践の場で使おうと思ってもスッとは出てこない。アレレ？　と頭で考えてるうちに相手にめった打ちにあってノックアウトされることは明らかだ。

重要なことは、「体験を通して知る」ってこと。これがないと、人との出会いから宝石のようなキラリと光るものは発見できないと思う。そのためには、やはり純粋さが必要なのです。

純粋さといっても、そんなに気取ることはない。要するにある意味でバカになること。一つのことに没頭する、そんな感じでいい。

俺の場合は砲丸投げだった。砲丸投げ馬鹿。中学生の時に始めたんだ。

最初は、バスケット部に入っていた。背がデカかったから。ところが上級生に「このウスノロ！」と怒鳴られてボールをぶつけられた。頭にカーッときて、「この野郎！」と上級生をつかまえてブン投げた。そしたら体育館の羽目板に頭をぶつけてノビてしまった。たちまち退部だ。そんな時、体育教師の加藤先生が俺に砲丸投げというものを教えてくれた。

俺にはチームプレーは向かないと判断したのかもしれない。それにしても砲丸投げとは地味なスポーツだ。でも、むしろそれが俺にはピタリときたんだ。

初めて砲丸を投げた時は、まったく飛ばなかった。体はデカいけれども、残念ながらバネがなかったんだね。こりゃ力だけじゃないな、砲丸投げというのは……と。かなりのテクニックも必要だということを思い知らされた。そしたら、俺の胸の中に（この野郎！）ってファイトがめらめらと湧いてきた。

「なんだ、体がデカいだけで、砲丸ひとつもよう投げられんのか」と言われるのが、俺のプライドにはギンギンきたからね。

それからが研究だ。辛抱強く投げていくと、一センチ、一センチと伸びていく。ブラジルへ渡る前に横浜の大会に出たんだけど、これは入賞もできなかった。

以来、砲丸投げとはしばらく縁が切れたんだけど、たまたまサンパウロからの帰りにすぐ上の快守《よしもり》兄貴が、日本から砲丸投げの球を買ってきてくれたんだ。これは兄貴の思いやりだった。というのも、俺が道ばたの石ころを見つけては、砲丸の代わりにして投げていたのを見ていたんだね。（寛至のやつ、何も言わんけど砲丸投げに未練があるんだろ）っていうところだろう。それで砲丸をプレゼントしてくれて、「さあ、これでブラジル選手権を目指してみろ」って。

ブラジルも冬場になると結構寒い。日が暮れるのも早い。午後八時というともう真夜中だ。まわり近所に家はないし、電灯なんて通ってないからランプ頼り。ハイエナやコウモリ、野生動物の鳴き声がキキキキッ。仕事が終わってメシ食ってからの、その頃が俺の練習時間。ランプを地面に置いて、そこが目標。ランプのところに到達するまではやめないと心に誓う。できるまで絶対にやめなかった。夜中の一〇時くらいまで黙々とやっていましたよ。もう鬼気迫るくらいというやつかな。

おふくろが起きてきて、「いい加減にしたら?」と言うんでやめた記憶が一度だけあるけど、それっきり。おふくろも口を出さなくなった。言ったって俺がやめないことを知っていたから。

誰に教えてもらえるわけじゃない。まったくの独学だ。でも投げること自体が俺にとっては喜びだった。だから夢中になって投げた。苦しくなんかない。うれしいんだ。不思議な境地だった。

この気持ちは、何をやっても同じことだと俺は思う。これが本物なんだと俺は思う。

人気者になりたいとか、そんなカッコのいい目標じゃなくて、心の底から湧き出てくる叫びなんじゃないかな。結局、俺は砲丸投げでブラジル・チャンピオンになり、それが縁で力道山に認められ、プロレスラーになった。

愚直なナントカ馬鹿がとりあえず勝ったんだ。この境地を議員になったいまも追い求めているのかもしれない。

苦しい時こそ、逆に人の心をつかむチャンス

まわりの人間はどう見ていたかわからないけれど、俺の人生の中でその場から逃げ出したくなった経験は、それこそ数え切れないぐらいある。

たとえばプロレス入門時代。たまたま力道山から理由もなしにぶん殴られて、ある時期やめようと思ったこともある。

ブラジル生活も、正直言ってひどかった。いまでも忘れられない。炎天下の畑には逃げ場がまったくないんだ。麦わら帽子をかぶってはいるけど、そのヒモづたいにジワジワと汗が垂れてくる。まるで天然サウナだからね。

その炎天下の重労働。自分の着ているシャツが塩を噴いて、汗が塩のかたまりになってシャツはゴワゴワ。脱いだら、シャツが立つほど塩が出る。ブヨはブーンブーンと遠慮会釈《えんりょえしゃく》もなく飛んできて、脚絆《きゃはん》の上から刺していく。刺されれば痛い。がまんできないくらい痛い。それでも逃げることはできない。黙って前へ進みながら、手を動かすしかなかった。

夜は夜で、一日の労働が終わったら水を浴びるでしょう。お風呂とかシャワーなんてシャレたものはない。井戸の水をバシャーッと浴びるだけ。そして食卓につく。ランプの灯りだから食べるものも薄暗くてよく見えない。で、メシを食って、最後にお茶碗置いたのを覚えていないんだ。半分居眠りしながらメシ食ってる。気がついたら次の朝。そのくらい仕事がきつかった。そして朝になれば、「夕べ夜逃げした人がガードマンに射殺されたってよ」なんて噂が流れてくる。農園主に傭《やと》われた警備員はみな、銃を持っていたからね。まるで奴隷みたいなものだった。

一年半くらい経った頃、俺にもこんな生活から逃げ出す最初のチャンスが来た。いや、チャンスと思ったのは俺の勝手な思い込みにすぎなかったんだけどね、ホントは。

というのも、俺が力道山にスカウトされる何年か前のこと。実はその力道山が、マリリアという町にプロレス興行にやってきた。俺の住んでいる農園からは五〇キロくらい。トラックに乗って見に行った。うちの農園主もその興行に一枚かんでいたんだ。

で、長男の寿一兄貴が言う。その農園主を通じて、おまえのことを力道山に紹介してやるって。俺はもう夢いっぱいだった。天にも昇る心持ち。ところが試合が終わったら、またトラックに乗せられて「そのまま帰れ」って。

「話が違うじゃないか」って、兄貴に不信感を覚えましたね、その時は。もちろん、別に兄貴は悪くなかった。農園主がカッコつけたんだ。「オレが口をきいてやる」とね。でも実際は、力道山と親しく口がきけるほどの大物ではなかったんだ、その人は。それを兄貴がマジに信じて、俺のためを考えてくれたんだ。それに農園主としても、貴重な働き手がいなくなると困る……、そんなソロバンをはじいたのかもしれない。

ともあれ、俺の夢は一瞬にしてしぼんでしまった。むなしく星空を眺めながら、暗い夜道をトラックに揺られて帰ってきたのを、いまだによく覚えている。

プロレスの世界に入れば入ったで、いくら辛くてもブラジルに逃げて帰るわけにはいかない。いつもいつも断崖絶壁に立たされているという状況がある。そういう逃げ出すこともできない貴重な体験があったからこそ、俺は力道山というかけがえのない師匠と出会い、どんなに苦しくても、その中から自分の人生の糧《かて》になるような場面、言葉を胸に刻みつけることができたと思っている。

まあ、同じ苦しみでもここまでは肉体的な苦しみだ、言ってみれば。でも精神的な苦しみのほうがもっと辛い。俺がやってきた中で一番苦しかったのはやっぱり事業のことだ。自分の体ではどうにもならなかった。

事業というのは、人にまかせなきゃいけない。プロレスなら、社長をやっている限りはなんだかんだ言われても自分で出ていって、いいカードを組んでいい試合をやれば盛り返すことができる。でも事業というのはそうじゃない。自分の手から離れていってしまう。なにせ事業の場所がブラジルだし、情報はほとんど来ないのに、金だけはドンドン送れという。ブラジルの国家事業にするということで、ある程度現地の人にまかせた以上、ブラジルを恨むわけにもいかないしね。

もう〝金のなる木〟どころか金を〝スる〟木。夢は持てないし、ホント、逃げ出したいな、と思ったね。そして借金。何が辛いって、借金ほど辛いものはなかった。

自分がプロレスという看板をしょってなければ、どこかに雲隠れしちゃえばいい。

だけど一番大事なことは、その苦しい時にプロレスを背負って逃げるところがない。最終的には借金取りのところに頭を下げにいかなきゃならない。

人間というのは、追い詰められて追い詰められて、ようやくホンネが出る。ホンネで「助けてくれ！」って言える。首が回らないくらい追い詰められたら、この強情な俺だって頭を下げる。そこでようやく、自分の醜《みにく》さを含めて本当の自分というものが出てくるんじゃないだろうか。

あの力道山だって、追い詰められたことが何度もあったらしい。晩年の力道山は、肉体的にも精神的にも、近くで見ていてかなり疲れていたのがわかった。興行のことで暴力団ともめたり、会社の経営で頭を痛めながらリングに上がっていたのも事実。そういうストレスが俺たちに向かって吐き出されることはしばしばあった。

だから俺は、カッコいい力道山も見ているし、逆に醜い一面も見せていただいたと思っている。それがよかった。後年、今度は俺自身が追い詰められた時、師匠のことを思い出して反省もできたし、また参考にもさせてもらった。

そして〝転んでも石〟、俺はこのドタン場から一つの教訓を得た。エラそうに言うわけじゃないが、「その一番苦しい時こそ、逆に人の心をつかむチャンスだ」ということ。

人間は、往々にして目先がラクな道を選んでしまうものだろう。そして、結果としては事業に失敗し、消えてしまう。でも苦しい道を選択して詫びを入れる。まあ、半分〝開き直り〟という面もあるけど、トコトン追い詰められてみないと、この開き直りも生まれないものなのじゃないかな。

ヘンな話、「借金では殺されないよ」というくらいの図太さ。なかなかそういう図太さは持てないが、俺一人なら殺されてもいいと。いや、家族もいる。どうする？　でもそうなった時はそうなった時でしょうがないじゃないか、と。そういう開き直りができて初めて俺の場合はマイナスをプラスに逆転させることができたんだと思う。

ドタン場でこそ、相手もこちらの本質を見ている。こいつは逃げるのか、困難にさらに立ち向かっていこうという根性があるのか？　と。こうして俺は、より大きな信頼関係を作ることができたと思いたい。

その一番苦しい時こそ、
逆に人の心をつかむチャンスだ。

「どんな時でも逃げたらダメ。どんなに苦しくても、一度自分をトコトン追い詰めてみる」

俺はここから本当の「自分」というものが見えてきたように思う。

カッコ悪い自分を武器にできる人の強み

国会というところは、世間で〝エリート〟と呼ばれているような人間がゾロゾロいる。

だから、プロレスラーの俺が、参議院議員になったからといって急に頭でっかちになって「なんでも知っている」なんて顔をしたら、それこそエリート人間のカモにされてしまう。いいようにあしらわれ、笑いものにされてしまうのがオチだ。

知らないものは知らないんだから、素直にそう言うしかない。マナーに反することをしたら、それは素直に謝る。知ったかぶりをしたり、ホントの自分を隠そうとするとこれは大変だ。労力がいる。エラく疲れる。

一つウソをつくと、そのウソをカバーするために三つのウソをつかねばならなくなる。その三つのウソのために、こんどは一〇のことでとりつくろわねばならない……。倍々ゲーム以上。これはすごいエネルギーのムダ使いじゃないだろうか。自分の弱みを隠すために使うエネルギーを、もっとほかのことに向けたら、いろいろなことができるはずだと俺は思う。

たしかに、日本のエリート層の一角を占めるであろう各省庁のお役人さんは自分たちの専門のことに関しては実によく知っている。勉強もしている。しかしそれだけなんだな。

たとえば国会議員になって俺が初めて訪ソする時のこと。外務省のお役人さんから、これまでの日ソ関係の経過と駆け引き、そのウラオモテをみっちりレクチャーされました。

それはもうすごいもんだった。こんなことまで知ってる人たちが、なぜソ連との外交で成功しないんだろう(?)と不思議に思ったくらいです。その理由がソ連へ行ってみてよくわかった。しょせん役人は〝役人〟なんだ。ソ連の高官と腹を割った話ができない。人間と人間のつき合いができていない。〝役人〟の殻を破って裸の

自分を見せられない

これは政治家も同じところがある。こと外交となると、すっかりお役人レベルになってしまう。だから、うまくいかないんだろう。日ソ漁業交渉だって、ジリ貧にされる一方でしょう。このままでは北方領土の返還問題だって成功するはずがない

——と、俺は思いました。

エリートほど、その弱みを隠したがるから、他人からそこをズバッと指摘されるともうメロメロ。それなのに、たいていの人は、自分の弱みを隠すことに精いっぱいだから、そこを頭のいい奴に先に衝かれてグーの音も出なくなってしまう。

俺は若い時からずっと、〝裸の自分をさらけ出す〟ことをモットーにして生きてきた。弱みは弱みでしょうがないんじゃないか。だからその弱みを人前でとりつくろうようなことはしなかった。

そんな俺の〝武器〟は「体験」だ。「体験」は一番強い。〝百聞は一見にしかず〟と言うけれど、これは正解だね。

自分で体験してきたことには、俺は強い。自信がある。どんな偉い奴が出てき

たってオタオタしない。だから体験した世界では、俺は誰とも対等だ。勝てなくても、絶対に負けることはない。

いまだから正直に言うけど、俺はモハメド・アリと戦った時は、本当に怖かった。対戦日が近づくにつれ、恐怖心が強烈にふくらんできた。

情報もいろいろ入ってくる。

「アリは、鉄の輪を足につけて軽く一〇キロ走ったよ」とかね。この手の情報というのは、一〇倍にも二〇倍にも増幅されて伝わってくる。敵側の心理作戦もある。そんな話を聞かされると、この俺だってビビってくる。俺なんか、そんなことともできねぇや……とね。相手がとんでもない怪物に見えてくる。だんだん心が乱れてくるのが自分でもわかる。そう神様に拝んだり、頭をうなだれてみたり、「俺は強いんだ」と自分自身に必死で言い聞かせてみたり。

ところがそのうちには、「アリは猪木との対戦にビビって、ジュース飲みながら足がふるえてた」なんて情報も入ってくる。(なんだ、アリだって俺と同じじゃねぇか)なんて安心したりしてね。

ここまで極限状態に自分を置いてみると、自分の心の弱さ、もろさ、情けなさ、すべてが見えてくる。内面にあったものがイヤというほど出てくる。他人にも自分にも隠していたものが、はっきりと見えてくるんだ。「俺は、決してカッコいい男じゃないんだ」とね。

でも、そこまでいって初めて、本当のパワーが生まれてくる気がする。カッコ悪い自分を、逆に武器にしてやろう——という考えになってくるわけだ。

負けた自分を想像できる人間であれ

プロレスはしょせん格闘技なのだから、あまり頭は使わず肉体と肉体がガンガンぶつかり合うだけ——と思っている人は多いかもしれないが、それはとんでもない話だ。それは外から見ているだけにすぎない。本当はものすごく内面的なものの比重が大きい。要するにお互いの技量の戦いみたいな部分がある。試合では負けていても、自分自身の中では勝っているということがよくある。プロだから、アマチュアみたいに一戦必勝だけではないんだ。

デクの坊が、勝ち名乗りを受けて手を挙げている。でも負けたほうが試合を盛り上げる役目を果たしたことは、誰の目にも明らか。大観衆の拍手喝采は、すべて負けた側の選手に集まる。そういうものなんです、プロレスは。負けて人気の出るスポーツなんて、プロレス以外にあるだろうか。ボクシングにしても、一回負ければ終わり。そこがプロレスのなんとも不思議な深さなんだ。勝ち負けという枠を飛び越して、自分の思いのままに試合を運んで手の上に乗せた……そういう実感があった時は、それこそ負けても勝った時以上の快感が味わえるものなんだ。

ところが、いまはそういうホントの負け方のできないレスラーが多すぎる。勝ち負けだけが評価のすべてになってしまう。勝つことも大事だが、同時にもっと奥の深い、試合そのものを自由に操っていくプロデューサー的感覚のようなものが必要なんだ。つまり「先が読める」選手になれるかどうか――そこがビッグなレスラーとして名を残せるかどうかの分かれ道と言える。

この〝プロレス流哲学〟が、実はいま政治の世界にいてとても役に立っている。政治というのは実にプロレスに似ていると思う。

国会議員も選挙の時に、負けては大変とばかりしゃかりきになるからかえって足をすくわれる。負け方を知っていると、試合では相手の攻撃にじっと耐えに耐える。やがて頃合いを見て一発、すべての情報をまとめて攻撃に転じる。これは実は外交の要諦なんではないかと思いますね。

アメリカという国は、俺に言わせれば、プロレスも外交もよく似ている。アメリカン・プロレスでは、必ずベビー・フェース（正義派）とヒール・レスラー（悪役）が設定されている。戦後は日本人とドイツ人レスラーが悪役だった。ハンス・シュミットとか、グレート東郷などというのが有名だ。米ソ関係が悪くなって冷戦時代に入ると、〝〇〇スキー〟とかラスプーチンといったソ連名のレスラーが輩出した。今度はアメリカとイランの関係が悪化すると、イスラム風のコスチュームをまとったヒールたちが人気になる。

誤解を覚悟で言えば、アメリカの国民は非常に単純だ。だから政治家も国民にわかりやすくするために、悪役を作ってガンガンやっつける。日本バッシングも日米貿易摩擦も、言ってみればアメリカ政府の悪役作りの一手段に俺には思えてしまう。

話は少し飛ぶけれど、そういう意味では日本の政治はどうも政党本位に偏りすぎているんじゃないかな、という気がする。政治家みんなが政党のメリットのために動いている。

いまごろ政党政治なんて言ってること自体が、国際社会に立ち遅れている証拠じゃないのかな。世界各地で自由主義が社会主義に勝ったといっても、それは違う。勝ったら勝ったで、今度は自由主義がそれを全部抱えなきゃいけない現実がある。債務から何から。

勝ち負けというのは、どの時点で測るかというと永遠だから。同じモノサシだとそこで結論を出さなきゃいけないけれど、国際社会において大事なことは「モノサシが違う」ということなんじゃないか。考え方、習慣がまるで違う。まずそれを肝に銘じておかなければ外交は始まらないと思う。

日本民族は単一民族ということを言う人もいるけれど、日本民族をずっと探っていくと、多数の民族の血が入っている。これは歴史でなく、血液から証明されているそうだ。血液をずっと追っていくと、南方民族とかいろんな民族が入りまじっている。

日本人はいつの間にか単一民族のような意識を持つようになったが、日本人とはこうあるべきだ、ということ自体が、我々が勝手に決めた概念で、そういうものはもう古い。

たとえば、俺はアントニオ猪木流『風車の理論』ということをよく言うんだ。

風車のプロペラもそうだが、風車っていうのは、風を受けて回っていく時に、風を受ける力が六〇パーセントで、送る力が四〇パーセント。羽根と羽根の間の抵抗力の差によって風車が回っている。Aの抵抗よりBの抵抗が強いから回っているわけです。

レスリングも同じ。相手にかけられた技に抵抗するからダメージが大きくなる。むしろ抵抗するより先に、相手の技に乗ってしまったほうがダメージは軽くてすむ。

たとえば相手が一本背負いできた。最初の一発はちょっと抵抗して、相手がもう一回引っ張った時に、逆にこちらから体をあずけて技に乗ってしまう。こちらは見事に投げられるけれど、転がった先では俺のほうが上になっているという、これがプロレスリングの極意だ。

相手の力を引き出して技を決める――つまり、負けて勝つ、というのかね。何度も言うけど、勝つことばかり考えていると相手が見えない。仮に自分が負けた時の状況が見えれば、相手がもっともっとよく見えてくる。

これもやっぱり〝モノサシ〟の問題なのかもしれない。モノサシが小さいと、その分だけ勝ち負けの範囲も狭くなってくる。プロレスは、柔道と違って一本投げられたら負けというわけじゃないからね。投げられても、逆にこっちのペースに取り込んで必殺決め技を使えば相手がギブアップということもできる。

人生っていうのは逆転、逆転の繰り返しだろう。だから、そこでよく言われるように「諦めずに」ということになるわけだけれど、その前に自分の「モノサシ」、これを大きくすることが先決なんじゃないだろうか。この「モノサシ」というのは、要するに自分の心の広さによって決まってくる。その心の広さによって、いい負け方もできるし、いい勝ち方もできる――俺はこう思う。

本当に強いレスラーというのは、いかに美しく相手の得意技を受けてみせるか、ということに神経を使う。つまり〝受けの美学〟だ。

お互い、相手を立てる。攻めと守りを交互に展開し、日ごろ鍛えた肉体を極限まで駆使しながら、ゲーム内容を充実させていく。その心が観客に伝わってこそ、館内われんばかりの拍手歓声がリング上のレスラーに寄せられるんだ。

そして、そこから〝信頼〟が生まれてくる。

これは、人生にも、日常の生活にも、そのまま当てはまるのではないかな。常に相手の一番いいものを引き出そうという姿勢。俺はこれをプロレスから学んだのだけれど、世の中に出てそのまま通用することに、正直驚いたものだ。プロレスというのは、それほど奥深いものだったんだなァ、と。俺は、このココロは、宗教用語でちょっと難しそうだが「下座《げざ》の心」という言葉に近いんじゃないかと思っている。

「下座」というのは、字のとおり「下の座」。相手に対していても下座（げざ＝しもざ）の姿勢を持っていれば、世の中に怖いものはなんにもないということだという。

ところが人間というのは、往々にして偉くなっていくと、俗に言う「実るほど頭《こうべ》を垂れる稲穂かな」ということを忘れてしまう。

勝つことばかり考えていると
相手が見えない。
仮に自分が負けた時の状況が見えれば、
相手がもっともっとよく見えてくる。

俺なんかでも、そりゃ俗臭《ぞくしゅう》フンプンの生身の人間だから、自分でよく言っていてこの「下座の心」をフッと忘れてしまうことがある。途中でハッと気がついて、（いけねぇ、いけねぇ）と思ったりしてね。俺はそんなことの繰り返しだけど、自分でこのことがわかっているのかどうかが大切なんだ。

で、この「下座の心」を単純明快に表す方法が、〝挨拶〟なんだ。

「おはようございます」「こんにちは」

たとえば国会議事堂。女性職員もいるし、警備の人もいれば、大臣ともすれ違う。そのたびに俺は必ず言う。「おはようございます」。わけへだてなし。そりゃ、大臣に対する挨拶と警備員に対する挨拶は多少は違うけど、基本的には同じ挨拶です。

これは、俺自身が相手に対して卑下するということではなくてね、初めから「俺のいる位置というのはいつも一番下にある」と、そう思っている。そうすると、見栄を張ることも、背伸びをする必要も全然なくなるわけ。これが逆で、初めに偉いカッコなんかつけてごらんなさい。心か浮き上がってしまう。上には気を使い、下の者には俺は偉いんだというところを見せなきゃいけない。どうしてもムリが生じる。その点、「下座の心」が持てれば人間生きていく上ですごくラクだ。

ただ、挨拶はいいけど、形だけで心のこもってない挨拶はかえってマイナスだ。「ヤツはいんぎん無礼だよ」とか、「あいつの本心は面従腹背《めんじゅうふくはい》じゃないか」とかね。

たしかに日本人は礼儀正しい。世界中を飛び回ってみるとよくわかる。国民性として、日本人は礼儀正しいんだろう。

最近は子どもたちを見ても、テレもなく恥ずかしさもないのか、ちゃんと挨拶できる子が多くなったように思う。むしろ目立ちたがり屋で、自己顕示欲が強い。プロレスの試合場でも、テレビカメラが客席をパンすると、みんな競ってVサインだ。

俺たちの子どもの頃も、「挨拶はちゃんとしなさい」と、親から厳しくしつけられたものだ。でもどこかテレくさいものだった。

だからおやじのところにお客が来ても、「おやじの客じゃねぇか。おやじにとっては大事なお客かもしれないけれども、俺には関係ない。初めて会う人になぜ挨拶しなきゃならないんだ」という論法（?）だ。ところがこれがおもちゃとか、先にお土産《みやげ》くれた人にはニコニコ精いっぱいの笑顔でおじぎしたりしてね。調子いいもんだ。

そんな経験があるから、いまどきの子どもや青年から丁重な挨拶を受けると、（ホンマかいな？）と思ってしまう。感心はするんだけど、俺は疑り深いところがあるから、ときどき（コイツら、本心から頭を下げているのかな）って考えることがよくあるんだ。

どうも、うわっ面だけの挨拶をやって、腹の中では違うことを考えているんじゃないかって思う。ファストフードの女の子に味も素っ気もない挨拶をされると、どう対応していいかわからないだろう。そんな気がしてならない。挨拶するというのは、人間社会での約束事だ。だから親は一生懸命にそれを教える。マニュアル通りに守っていれば、親は安心だ。人に不快な印象を与えないんだから。だけど問題はその本性だよ。心の中。

子どもでも、我《が》の強い子は頭を下げない。昔はそういう子どもが多かったと思う。俺もそうだった。そのかわり親には怒られるけどね、あとで。

だけど、考えてみればイヤな人にまで挨拶したくない。自分の知らない人に挨拶なんかできない。すごく正直だと思う。心のない挨拶なんかしたくないんだよ、み

相手に対していても
下座の姿勢を持っていれば、
世の中に怖いものはなんにもない。

んな。それが本音だと思う。俺は自分がそうだったから、心のない挨拶だけはしないようにと思っている。「座右の銘は?」とよく聞かれるけど、いつも、「下座の心」と答えることにしている。お経だって読んでみる。簡単にはわからないけれどね。だから、政界に打って出るターニングポイントだったあの時、シルクロードか政治家か――の選択の中で政治の道を選んだんだけど、いま、シルクロード=仏教の道も同時に歩ませてもらっているつもりだ。もちろんまだまだ完全とは言えないけれど。

※24　1988年から89年にかけて起きた、女子高生が不良少年グループに集団リンチを受けて死亡、遺体をコンクリート詰めにされ、東京湾の埋め立て地に遺棄された事件。

5章

最後まで自分を裏切らない生き方

人との約束は
破られるためにある。
しかし、自分との約束は
守り通さないと破滅する。

自分をダメにする真実、伸ばすウソ

移民としてブラジルに渡る船の中で、俺のおじいさんは病死した。ちょうど俺が一四歳の時だった。

厳粛な水葬のあと、船長が俺に向かってこう言ったんだ。

「おまえのおじいさんは、海の守り神になった。船がここを通る時は、必ず汽笛を鳴らして通るよ」

俺はうれしかったよ。おじいさんて偉いんだなって。ところがあとで知ったんだけど、そこは赤道直下。赤道を越える時は、船はみんな汽笛を鳴らすんだそうだ。俺は船長にだまされたわけだけど、こういうウソは少年に勇気と感動を与えてくれるものだ。

けれども、他人が勝手にバラまいたウソほど迷惑なものはない。

事業のこと、金のこと、そして別れた女房のことでいろいろとマスコミに書かれた時は、本当にまいった。自分で言うのは何だが、俺って、見かけと違ってとてもナイーブ（？）な人間だからさ。ただ女房のことは、結局のところ〝噂〟が事実になってしまったんだから文句は言わない。ただ、事業のことは俺の生涯かけた男の夢だから、あまりとやかく言ってもらいたくないんだ。

その前に、俺の事業のことを簡単に説明しておこう。

サトウキビのカスから動物の飼料を再生し、そのことで砂漠化などを防ぐバイオ事業なんだけど、これに初めて取り組んだのはもう、かなり古い話になる。技術的なネックに見舞われて苦労した。一時はドブに捨てるごとくお金が流れていった時期もあったけど、一九八〇年に「アントン・ハイセル」社を設立してようやく軌道に乗った。現在は日本のアントン牧場と、ブラジルのアントン・バイオテックの二つの会社に発展している。ようやく、これまでいろいろとご迷惑かけたみなさんにも、ご恩に報いられる時期が来たと思っている。借金返済も、あと二年、長くて五年かな。

問題は、ここに至るまでの道中だった。とにかく、俺にとって一番イヤなことを書き立てられる。それもひっきりなしにやられるもんだから、二、三年前は週刊誌に腹が立ってしょうがなかった。

かと思うと猛烈な自己嫌悪、そして自信喪失……。（アントニオ猪木よ、これでいいのか？　どうするつもりだ？）ってね。マスコミに書き立てられるたびに一喜一憂してたわけだ。

でも、ある時、急にスパッと割り切れた。もう、言いたいやつは好きなように言え、と。つぶれる、つぶれるって言われながら、現にこのとおり、俺はがんばっているじゃないか。本質を知らないでいろいろ書き立てられることにいちいち腹を立てること自体、恥ずかしいと思うようになった。いくら悪いこと書かれたって、俺の人生が変わるわけじゃないんだから。

それに、マスコミというのも、あることないこと、針の穴のようなことを大きく取り上げるのも、それ自体が商売なんだ、そういうことをやっていかないと雑誌も売れないし、会社もつぶれてしまう。俺と同じように、会社をつぶさないためにがんばっているんだ、とそう考えるようになった。

そしたら、あまり腹も立たなくなった。むしろ、自分の悪いところを書き立てられて、(あ、なるほど。世間から見ると、ここはこう受け取られてしまうんだ。ここはたしかに俺の悪いところかもしれない……)と、率直に反省できるようになった。ただ、背後に回って作文を書き、人を煽《あお》って俺の足を引っ張るやつは許せないけどね。

人間はみんなウソをつく。大なり小なりウソをつきながら生きている。そのほうが世の中、ギスギスしないということもある。お互い、小さなウソを潤滑剤にしてうまくつき合っているのかもしれない。俺は、ウソをつかないって自信を持って言い切れる人はいないと思う。「あなた『私はウソをつきません』って、もうウソついてるじゃないか」って。

ただここで非常に微妙な問題がある。だましたほうとだまされたほう、この関係が非常に相対的だということ。モノサシで測ってみて、一〇センチと一〇センチで割り切れるのか? という問題だ。片方はだましたっていう意識が全然なくて、片方はだまされたと思っていることがあるかもしれないしね。

人間は誰しも、大なり小なり願望とか夢を持っている。いまはできないけど、将来必ずやってやるぞという気持ち、そして、途中まではそのとおりやってきたんだけど、約束の期限にまでは完成しなかった。だからもう少し時間をください、というケースもある。それを、「いまこの時点で実現していないのだからウソっぱちだ」と一刀両断にされてしまっては実《み》もフタもない。そういうことになると、未来学者とかSF作家なんか、みんなウソつきだよ。

俺も、「猪木の野郎、ウソをつきやがって！」と、かなり悪口も言われた。でもねえ、往々にして、自分が大きな夢を持てば持つほど、どうしたって、計算どおりにはいかないことがたくさん出てくる。

しかし、だからといってそこで立ち止まってしまったら、夢はいつになっても夢のまま、全然前に進まなくなる。そして、結局のところ誰からも信用されなくなる。

それならば、たとえ一時的に相手に〝裏切り〟と誤解されようとも、自分自身の夢、信念を貫き通すことで誠意を示すことが、時には男には必要なんじゃないかな。

男と女の関係で言うと、もっとシビアだ。男と女は本質的に違うと思うから。

「ね、絶対に怒らないから、ホントのことを言って？」なんてカミさんに言われて、

「ホントだな？　ホントに怒んないな？」と念押ししながら浮気を告白したら、大勢の人が見ている前で顔に水ぶっかけられた哀れな亭主がいた。

「よくぞ本当のことを言ってくれた」ということもあるのかもしれないけど、「言わないほうがよかった」ということもいっぱいある。それは生活の知恵だったり、相手に対する思いやりだったりしてね。

もちろん男と女に関しては、より正直なほうがいいと思う。だけど、ホントのことを喋って、それで信頼関係が深まるかというとそうでもない。知らなきゃ円満だったのに、知ってしまったためにかえって「この野郎、裏切ったな！」と。そういうことになるほうがずっと多い。

たとえば女性の欠点。自分の気に食わないところがあった場合、「おまえのそういうところがイヤなんだ。なんでこうなんだ」と指摘する。極端な話をすれば「おまえ、オッパイがなんでないんだ」なんて、そういうことを正直に言ったからって、一つもプラスにならないものね、相手を傷つけるだけで。

それから、人を使う場合にも〝ウソ〟が必要になってくる。これは俺の体験だけど、これは自分の質の問題になってくる。長所よりもどうしても相手の欠点が先に見えてしまう。そしてその欠点に文句を言うほうが人間としてごく自然だ。文句を言うのはすごく言いやすい。その場その場の感情で「馬鹿野郎！　おまえ、これなにやってんだ！」――こういうほうがすごく自然。怒りを抑えるという努力をしなくていいし、人を怒鳴りつけるというのは、その瞬間はとても気分のいいものだからだ。

だけど経営者になると、もう一つ上の立場になってそういう感情を抑えて、「いやア、おまえ、よかったぞ」とホメてから欠点を指摘する。これ、人を使っていく上でとても大事なことだと、勉強させられた。

ホント、人をほめるというのは難しい。ケナすことは簡単にできる。なんでもかんでも「馬鹿野郎！」って、見て感じたとおりに言えばいいんだから。

現実は見たとおりだ。レスラーだってホントにヘタなやつはヘタなんだ。だけどそのヘタなやつに、「おまえ、ヘタクソだ、馬鹿野郎！」とばかりは言えない。まずは「今日はがんばったな」とホメる。それが人を使っていくテクニックなんだけど、それが俺にはなかなかできにくくてね。というか、バカ正直というか……。

この他人を使っていく時のウソの効用を知って、その時から少しは成長したと思う、人間的にね。

言ってみれば、俺を成長させてくれたのはこのウソの効用と借金、そして夢というところかな。

最低これだけは自分を裏切ってはいけない

俺たちがブラジルに移民してまずやったのは、綿花作りだった。隣に住んでいたのが、戦前に日本から移民していたいわゆる旧移民。俺たちは戦後派で、新移民と言われていたんだけど、こちらは到着したばかりで何もわからないから、旧移民の指導が頼りだった。当然、隣の農園のおやじに指導を請うた。

そのおやじは、「今年は綿が儲かりそうだ」と言うんだ。そのひと言が頼りだもの、とにかく金になる仕事から取り掛からなくちゃならない。そこでおやじに綿花の作り方を教えてもらって綿作りに入った。

ところが、このおやじがとんでもない男でウソの作り方を教えたわけ。クワの入れ方からしてウソなんだ。大きなクワでやらなければいけないのに、「小さなクワでやれ」と言う。何の知識もないのだから、教えられたとおり正直にやりましたよ。

そしたら、綿畑には雑草がどんどん生えてくる。この雑草には鋭いトゲがあって、収穫の時に肝心の綿にくっつく。だから雑草取りが綿花作りのポイントなんだけど、それがクワ入れの段階で決まるわけ。結局、雑草がうまく取れなくて、収穫の時には手は血まみれさ。さんざんな目にあって、結局、その一年を棒に振ってしまった。

これはひどかった。おかげで俺たち一家は日本から持っていったなけなしの金をはたいてドン底。財布を逆さにしてはたいても何も出なかった。食いものもろくに取れない生活が始まったんだ。

はっきり言ってこんなのは約束違反だ。隣のおやじの欲なんだ。俺たちが失敗すれば、それだけおやじの持っている綿花の値が上がる。儲けに目がくらんだわけさ。

その時、俺たち一家は、だましたそのおやじをぶん殴らなかった。高い授業料を払ったと思ってガマンした。そのかわり、教訓を学んだんだ。「人間、欲得だけで生きてはダメだ」とね。自分たちでできることをやろうというので、翌年は綿をやめて落花生にした。儲けは少ないけれど、このほうが確実に生活費が計算できる、そういう発想だった。

ところが隣のおやじは、次の年になったらまた「今年も綿がいい」と言うわけ。実際、おやじは綿をやった。でも俺たちはもうそんな話には乗らない。自分の欲の皮しか突っ張らせていない奴を、信用することはできないよ。

結局、翌年は干ばつで大凶作。とくに綿はかいめつ的な状態だった。しかも実に不思議な現象なんだけど、俺たちの畑には雨がたっぷり降るわけ。でも隣のおやじの畑には降らないし、日本にいるとわかりにくいけれど、雨といってもブラジルの雨というのは〝往復〟するんだ。雨雲がこちらの畑の上を通過していったら、そのまま雲がまた帰ってくる。だからたっぷりおしめりがあるんだ。

しかし、隣の畑にはまったく雨雲がいかない。ざまあみろ、神様はよくご存じ、天網《てんもう》かいかい……ってやつだなと思ったけど、気がついてみたらまわりの人たちが夜逃げはするわ、自殺者は出るわで悲惨な光景だった。

欲を捨ててかかっていた俺たちだけが大儲けできたんだから、実に皮肉なことだった。

この時ほど、約束というものの大事さを痛感させられたことはなかった。その約束が守られるかどうかというのは、人間性の根幹にかかわる問題だからね。簡単な約束だから守らなくてもいい、口約束だからトボけてしまえ。こんなことをやっていると、いつか人間としての器量を低く見られてしまうだろう。

たとえば時間の約束。いつも遅れてくるやつ、毎回毎回キチンと時間前に来るやつ、その信頼度の差は大きいよ。これは本来、「金」より重い約束なんだ。三〇分遅れる、一時間遅れる。そうすると、相手の時間をそれだけ奪ってしまうことになる。

だから、自分が約束を守っているのに相手が遅れてきたりすると、ものすごく腹が立つ。俺の自由をなんの権利があって奪うのかという、単純な理由からなんだ。

だが、これには裏道がある。その腹の立ち方が相手によって変わるんだ。

Aの場合は、五分でも遅れたら許さねえ、とか、あの子なら一時間待っても平気だ、とか、相手によってランクが違う。ここだよ、俺が言いたいのは……。

人間、誰しも不測の事態というのがある。時にはどうしても約束の時間に遅れることもある。そういう時、一時間待ってもらえる人間ならその二人の間には、必ずいい人間関係ができているだろう。なに、毎度毎度遅れてくるやつ？　そんなのは悪い性分だから、つき合わないほうがいい。

結局、約束事というのは、「誰々との約束だから」というんじゃなくて、大事なのは「自分との約束」なんじゃないかな。

人間は本来怠け者だから、約束はしてしまったけれど、できたら行かずにすむ方法はないかと考える。約束というのは、怠惰《たいだ》な自分を鼓舞《こぶ》する、戦の太鼓でもあるわけさ。

その点、いわゆる〝暗黙の了解〟とかいうやつを俺はあまり好きじゃない。

日本人同士というのは、暗黙の約束事、ルールというのがある。これをやっちゃおしまいだ、とか、あるいは言わなくてもわかるだろ？　式の、いわゆる「アウンの呼吸」というやつだ。

俺たち一家がブラジルで隣の農園のおやじにだまされたのも、そういう暗黙のルールの中で生活していたからだと思う。（同じ日本人だから、まさかこんな大事なことではウソをつかないだろう）と思い込んでしまう。

片方からすれば、キチンと約束していないのに一方的に信じてしまう。アテにしてしまうというスキができる。もう片方にすれば、（約束してないんだから、何もやらなくたってとやかく言われる筋合いはない）と逃げてしまう。暗黙の了解というのは、双方にとってよくないことが起きるケースが多いし、人間関係をブチ壊すもとでもあるね。

たとえば、ブラジルの例をまた出すが、この国では、驚いたことに平気で人を何時間も待たせる。「エスタ・アマニャン（あしたがあるサ）」という国だ。また待つほうもそれが当たり前みたいに平然としている。日本人から見ればとんでもないことだけれども、あちらではジョーシキ。住民同士、暗黙の了解事項なんだ。

俺もやられたことがあるよ。

朝九時に待ち合わせした。ブラジルの人間と。向こうでは、朝昼兼用の食事をする習慣があって、それを一緒に食べながら話をしよう——そういう約束だった。

俺は九時ぴったりに行きましたよ。ところが相手が来ない。一時間たっても、二時間たっても来ない。影も形も現れないんだ。おっとりやってきたのは昼すぎ。それもまったく悪びれていない。セカセカ日本人から見たらきわめつきの怒鳴りもんだよね。

ブラジルでは、時間という概念が日本ほどキビキビしていない。暗黙の約束事の基本が違うんだ。万事にゆったりと生きている。最初から口約束なんて信じてはいけない、信じたお前がバカなのさと、そういうことなんだ。サッカーのワールドカップが始まると、大統領がチームの応援に行ってしまう。国中、役所も政府もみんなストップしてしまうというのだから筋金入りだ。

だから、ブラジルには信じてはいけない約束が三つあるというんだ。

逆に言えば守らなくてもいい約束ということになるんだろうけど、一つはこの待ち合わせの時間、それからお金を借りる時に言う「あした返す」という約束。そして女性を口説く時の、「何もしないから」という言葉。この三つは信じるなと。これは徹底している。信じるほうが悪い。

結局、さっきも言ったけど、約束というのは他力本願ではなくて、自分自身がそれをどう果たしていくかという〝自力本願〟に意味がある。つまるところ自分との闘いなんだよね。

男と女の約束事だってそうだ。結婚なんて紙切れ一枚のこと。それで結婚という約束ができたんだと思っていたら大きな間違い。結婚という約束も、相手とするんじゃなくて自分自身とする約束なんだろう。

たとえば俺の場合、女房の純粋さを踏みにじったら、結婚生活はおろか政治家のほうもダメになる。そういう覚悟をして、それを自分との約束事にしている。

選挙公約だって、掲げた以上は本気で政治活動をしなければならないという気持ち、やる気が湧いてくる。

「プロレスラーに何ができるか！」という外野の声が聞こえてくるけれど、そんなこと気にもならない。

純粋に、スポーツを通して政治ができる——と思っているし、実際、ソ連にも何度も足を運び、キューバへ行ってカストロ首相と話をしてきた。

公約だからやるんじゃない。自分との約束だからやっている。

それを参議院議員の任期いっぱい六年間やり続けて、その上で評価していただきたいと、いま思っているだけ。

人との約束は破られるためにある——というのは真実だと思う。

しかし、自分との約束は守り通さないと破滅する。そう考えていれば、人を裏切るようなことにはならない。

俺はそう思って、毎日自分と闘っている。

憎しみは持ち方しだいですごい力になる

俺が世話になってきたたくさんの人たちの中で、たったひとりだけ、自分の師匠と呼べる人間を挙げろ——と言われたら、やはり力道山だ。この人との出会いが、いまの俺の人生のすべて。そんな気がする。

力道山には、人生がいかに理不尽なものかということを、イヤというほど教えられ、体験させられた。決してイヤミで言ってるのではない。それが事実だからで、そして俺にとってはこれが非常にありがたかった。それがなければ、本当にいまの俺はありえなかったと思っている。耐えて耐えて、しかもプロレスをやめることなくがんばり通したおかげで今日の俺があるんだから。それは「反面教師」とかなんとかカッコいいものではなくて、俺にプロレスという道を開いてくれた——それだけで最高の存在なんだ。

俺が力道山と初めて出会ったのは一七歳の時だった。ブラジルで会って、そのまま日本へ。当時東京の池上にあった力道山の家に連れていかれて、そのまま居候生活が始まった。

形は内弟子だけど、とにかく何でもやらされた。朝起きると、まず犬のクソ取り。犬の世話だ。それから車と庭の掃除。車だって一台じゃない。三台あって、それもビュイックとかいうアメ車のうすらデカいやつ。それをチリ一つないようにピカピカにしないと力道山が承知しない。庭掃除、これだって小さな庭じゃない。一〇〇〇坪はあったもの。これも手抜きして見つかると力道山のカミナリが落ちる。

それらの日課をこなすには、かなりの時間がかかる。だから朝は五時起きだった。それから朝飯を食って、人形町の練習場までバスで通う。その毎日。だからとにかく眠いんだ。疲れ切って、バスの中では眠りこけてしまう。アッと思ったらバス停を乗り過ごして、走って戻ったり。そんなことはしょっちゅうだった。朝、「あと一〇分寝かせてくれ！」と何度思ったことか。でもそんなことをしたらもう大変。辛くったって、何をしたって、やることをやらないと猛烈に怒られてしまうからね。力道山という人はそれくらい存在感があって、本当に怖い人だった。いまでも、夢の中に出てきても怖い。

地方巡業には、付き人として行く。身の回りの世話が、これまたハンパじゃない。ちょっとでもタイミングがズレると、「馬鹿野郎！」の怒声が飛んでくる。同期の弟子でも、ジャイアント馬場は特別待遇なんだ。あちらはプロ野球の巨人を経て、俺より年上だったんだ。

思い出すのは力道山のタイツ洗い。昔のプロレスを知っている人ならわかると思うけど、力道山は黒のロングタイツをはいていた。これがまたブ厚い。試合が終わって、それを洗濯するのも俺の役目。当然手洗いだ、当時は。洗うのが大変で乾かすのがもっと大変。いまの若い人はうらやましいね。コインランドリーにポイと入れて漫画本を読んでいるうちに一丁上がり。あとは乾燥機に入れておけばいいんだから。

内弟子だから給料はなかった。でも小遣いはもらえた。一巡業四五日くらいで、三〇試合こなしてもらうお小遣いが二万円ほど。ところがうまくできてる。当時、力道山がゴルフに凝っていて、俺たちもお付きで行く。ゴルフに行くのに、「おまえら、ゴルフは紳士のスポーツだ。ビシッと背広で決めてこい」っていうわけだ。「じゃ、背広買ってください」と言うと「馬鹿言うな、てめえの小遣いで買え」――これで二万円はパー。それから、力道山がボールを林やブッシュに入れる。池ポチャもある。俺たちはそのボール探しが仕事。その頃、ボールは高級品だったから、見つからないと蹴っ飛ばされる。こっちは必死だった。ふと気がついたら、買ったばかりの背広がイバラで引っ掛けられてボロボロ。

一番こたえたのは、公衆の面前で叩かれることだ。力道山は当時の日本の英雄だから、池上の自宅前にはいつもファンが群がっている。その前で靴べらで頭をバシッ！　理由なんてないんだ。いや、力道山にはあったんだろうけど、俺のほうには思い当たらない。ミスした覚えがないんんた。靴をはかせるのに手間取ったのかもしれない。でも同じことをしても叩かれない時もある。自分の気分しだいだったのかもしれない。

俺にとってはすごい屈辱だった。理由なく、しかも人前ではたかれるんだから。もう犬コロと同じ扱い。もちろん腹の中では「この野郎！」「チクショー！」という気持ちはあった。

ある時、力道山は俺たち弟子に向かってこう言った。「おまえたち、肉を食ってるか。食わなきゃ強くなれんぞ」

食えるわけないんだ。金もらってないんだから。それである日、食事の世話をしてくれているおばさんに「先生が肉を食えって言ってるんだけど……」って言ったらそのおばさんが猛烈に怒った。「冗談じゃないわよ。そんなお金、もらってないわよ！」。かなりいい加減だった。

力道山は、たしかに神様だった。その神様が俺に教えてくれたのは、こういう理不尽さを通して、一流になれってことだと思う。力道山はなんでも一流好みだった。でっかいダイヤモンドを見せられたし、政財界の一流の人物にも会わせてもらった。そしていつも言われたよ、「この貧乏野郎が！」と。

悔しかった。だから、それ以来俺はこう心に誓ったんだ。

（これは俺にとってはいい経験なんだ。むしろ、こういう悪いことの中から何かが見えてくる。いずれは俺も一流になってみせる）と。

力道山との出会い――これは偶然なんだ。もともと俺は、プロレスラーというものに興味を持っていたし、なれるものならなりたいとも思っていた。でもブラジルの山奥にいる身、そんなチャンスなんてあるわけがない。

その頃の俺の唯一の楽しみといえば砲丸投げ。基本は日本での中学時代に先生から教えてもらったんだけど、横浜での記録は全然ダメだった。それがブラジルに来てから、急速に伸びてきた。投げるたびに記録更新。その秘密は、ブラジルでの重労働で自然と足腰のバネができてきたんだろう。それで気をよくしてブラジルの大会に出たら、運よく優勝してしまった。新聞にも出た。だから俺は、砲丸投げでオリンピックに出て金メダルを取って、それを手土産にプロレスラーになろうって、そんな夢を描いていた。その新聞記事が、俺の師となる力道山との出会いのきっかけになったんだ。

ちょうどその頃、力道山がブラジル巡業に来ていて、サンパウロでレスラーの卵をスカウトしていた。取材に来た新聞記者に「いい人材はいないか?」と質問した。新聞記者は俺の優勝記事が載っている新聞のスクラップを見せ、「砲丸投げのチャンピオン。この男はどうだ?」。力道山は「オー、グッド。すぐ会いたい、連れてきてくれないか」。

ところが、俺が住んでいるところはさっきも言ったとおりの山の中。住居には電気も水道もないところだから、まして電話などあるわけがない。そのままなら俺と力道山とはなんの縁もない人生をそれぞれに送っていたはずだ。

しかし、人生というのは本当に不思議なものだ。力道山のそういう動きとはまったく無関係に、俺たち一家はその一週間ほど前、ジャングルの奥から出てきて俺はサンパウロの中央青果市場で働いていたんだ。新聞記者が探し当てた時は家は引っ越したあと。行き先は不明だった。

ところが、その青果市場の理事長が力道山の巡業の世話人をやっていたんだ。その理事長が市場にやってきてみんなを集め、「力道山がこういう男を探している。情報が入ったら教えてくれないか」という。「理事長！　猪木という男なら、ホラ、あなたの目の前にいるじゃありませんか」。「ナニ？」――まったくの偶然だった。

市場の仕事は夜中作業なので、仕事が終わった明け方、力道山が泊まっているホテルに連れていかれた。力道山は俺を見るなり、「おう、おまえが猪木か。バネのありそうないい体をしてるな。何を食ってる？」

よっぽどうまいものを食べていると思ったのかもしれない。そんなわけはない。ジャングルの奥、コーヒー農園では食事はほとんど自給自足。米は外米で、日本のと違ってボロボロ。粘りがない。これにラードと塩を入れて炊き込む。これが主食。うまいとかまずいとか、そんな次元の話ではない。でも食べなきゃ死んでしまう。腹が減っていれば、何でもうまかった。

それと、ごった煮が唯一のタンパク、脂肪の補給源だった。ブラジルでは一応フェジョワーグという名前がついている郷土料理だけど、豚の耳とか足、要するに地主の金持ちクラスが食べ残した残飯をごった煮にしただけ。これは昔の奴隷の食べ物だ。あるいは塩肉とか干し肉を水で戻して食べる。唯一バナナとか果物は豊富だった。

それから力道山は、「上着を脱いで背中を見せろ」と。そう言われて服を脱いで見せたら、

「よし、日本へ行くぞ!」

それだけです。それで決まり。

俺も何も言わなかった。

兄弟をブラジルに残して、俺は力道山と一緒に日本に。

人生のことなど、何も知らない一人の少年。

そんな俺の人生を大きく変えてくれた師が力道山。

俺は何一つ疑問を持たず、無条件に信頼し切っていた。

その姿勢はいまも変わらない。

イヤな自分が〝誇れる自分〟に変わる瞬間

子どもの時、俺は学校でまったく勉強しなかった。学校には行くけど授業はエスケープ。試験でも、答案用紙には名前を書くだけ。ハンパじゃなかった。

なぜ勉強しなかったかと言うと、「勉強なんて、俺がその気になってやればできる」とうぬぼれていたんだね。シコシコ宿題やってるやつが馬鹿に見えた。それに、俺の心の中に、「そんじょそこらの……」というおごりがあったと思う。

おやじが早く死んで、おふくろは女手一つで俺を育ててくれた。母子家庭ということでみんなに馬鹿にされないように、俺がコンプレックスを持たないようにと気を使ってくれたんでしょう。ことあるごとに「ウチはほかの家とは違うのよ」って教育された。「そんじょそこらの」という感じの言葉が、何かというとすぐ出てきたような気がする。それが身についてしまって、他人のいいところを認めることができなかった。意固地《いこじ》というんじゃないけど、あえて目をつぶってしまうような……。

だからテレビの歌番組に流行歌手が出てきて、周囲の人間が「すごい人気ですねえ」なんてチヤホヤしてるのを見るとカチンとくる。いいものはいいんだから、素直にブラボーって言えばいいのに。ストレスが強いというのは、別の言い方をすれば心が狭い、狭量であると言えるんじゃないか。心が狭いから、相手の一挙手一投足、そしてちょっとした言葉に怒り、傷つく。そしてこだわる。よく、「俺はストレスをバネにして伸びる」と言う人がいるけど、それはウソだ。単なるカッコつけだと思う。

そんな俺が自分の欠点に気づいたのは、実はジャイアント馬場さんのおかげなんだ。あの人は大変に冷静沈着で、ものごとをじっくり見るタイプ。石橋を叩いても渡らない。俺は見栄っ張りだから、危険なら飛び越してでも渡ってやる——みたいなところがある。

でもそんな馬場さんがきっちり仕事をしている。全日本プロレスの総帥《そうすい》として、見事に組織を統率し、ビジネスでも成功している。俺はそんな馬場さんを〝合わせ鏡〟にした。馬場さんの生き方は俺の性格には合わない。でも今は、それはそれとして馬場さんの良さ、素晴らしさは素直に認めている。

怒りのエネルギーを持っているか

俺と馬場さんは五歳違う。俺が一七歳でプロレスに入門した時、馬場さんは二二歳だった。もちろん、その頃から身長二メートル五センチ。とにかくデカかった。ブラジルから出てきた俺に馬場さんが背広をくれたことがある。当然デカすぎて着られない。俺にはブカブカの洋服なんて初めての経験だった。世の中は広いとホント実感した。

練習も一緒にした。毎日、六〜七時間はたっぷりやる。屈伸運動だけでも三〇〇〇回はやった。すると、自分の汗で一メートル四方ぐらいの水たまりができる。そのぐらいハードだった。

だから、のどが渇いて、腹が減ってどうしようもなくなる。馬場さんと一杯のかき氷を二人で分けて食べたこともあるし、ラーメンを半分ずつしたことだってある。

けれども、馬場さんが俺の必殺技コブラツイストを俺に無断で使い始めた時、俺はものすごく腹を立てた。

コブラツイストは、俺が二年半の米国武者修行で習得したオリジナルの技。当時の日本のプロレス界では、他人の得意技は使わないという暗黙の了解事項があった。それを馬場さんが破ったんだ。

馬場さんがコブラツイストを使い始めた当初は俺も余裕を持っていた。いくら同じ技を使われたところで、俺のほうが技の切れ味や迫力では絶対に上だと思っていたから、自信があった。

ところがスポーツ新聞がわかりもしないことを書きまくる。「馬場のコブラツイストは迫力がある。猪木より一枚上だ。実力の違いだ」とかね。

人間というのは弱いもので、自分ではいくら自信を持っていても、新聞に毎度毎度書き立てられると（ホントかな?）とすぐ自信を失って落ち込んでしまう。その頃の俺も例外ではなかった。

その結果がどこへ行くかというと、新聞社でも会社でもない。当の馬場さんに向く。ジェラシー、やきもち。ホント、人間なんて弱いものだ。それまで、小学校、中学校、ブラジル時代と続いて、ライバルという意識なんか誰にも持ったことがないのに。

そこで湧いてきたのが、〝逆転のエネルギー〟だ。（よーし、真似するならするがいい。それなら俺は、誰にも真似のできない新しい必殺技を考え出すぞ——）と、新たな挑戦意欲が湧いてきた。

先輩レスラーたちがトレーニングをすませて引き揚げたあと、リングは俺の天下。残っている若手の連中をつかまえての秘密特訓だ。ああでもない、こうでもないと試行錯誤の上、完成の域に近づいたのが三カ月後。さっそく試してみたら、相手は「イテテッ！」と叫んでその次にボキッと音がした。かわいそうに、骨が折れてしまった。

これが「卍固め」の誕生の瞬間だ。もちろん、最初から名前がついていたわけではない。ネーミングにあれこれ悩んだ末、みんなのアドバイスもあって一般公募することになった。応募のハガキが一〇万枚も来た。これはうれしかったね。その中から選んだのが「卍固め」だった。

技というのは、本来は同じ技を使っても使う選手によって微妙な差があるものです。俺の「卍固め」だって、ちょっとしたひねり加減で威力がまるで違ってしまう。足のかけ方がわずか五ミリ違うだけで、相手に伝わる威力は変わってしまう。その微妙な力のかけ具合は俺にしかわからないし、俺の体型から生まれた技だからカッコは真似られても真髄は真似できない。

プロレス界では、伝説の人物にルー・テーズ[※25]という人がいる。鉄人と言われ、〝岩石落とし〟、いまでいうバックドロップという決め技を編み出した。商標登録でもなんでもないから、みんなが我も我もとこのバックドロップを使う。でも違う。決まった時のカッコよさと、相手に与えるダメージ、つまり切れ味という点で俺が見る限り〝元祖〟を超えるレスラーはいまだに現れていない。やはり、バックドロップと言えば、「ルー・テーズ」。決して真似だけでは永遠にオリジナルには勝てないのだ。

馬場さんは、プロレス時代の俺のライバルだった。彼と比べて俺が過小評価され、認められていないということが「この野郎!」という強烈なジェラシーを生んだ。エリートコースを歩むライバルに対して、「いまに見てろ!」と。その〝憎しみのエネルギー〟が俺の起爆剤だった。

けれども、同じジェラシーでも、きれいごとではないが、俺の場合は馬場さん個人に向けられたものではないんだ。馬場さんを含む、日本プロレス界の既成のシステムそのものに対する怒りがあった。

多くのマスコミは、いまだに俺と馬場さんとの（間の）確執を取りざたするが、そんなことはない。たしかに、若い時、馬場さんに対してジェラシーを持ち、怒りに燃えていた時期があったのは事実。しかし、それは決して、馬場さん個人へのうらみつらみではない。俺は少なくとも馬場さんを認めている。むしろ、自分で自分を怒り燃えさせることで、それをバネにしてチャレンジ精神を維持することができた。

人に対して怒るのは簡単だ。声を荒らげてわめきちらせばいいのだから。問題はそこから先だ。

自分に正直に向き合える人間が結局、最後に笑う

「おいッ、アゴ！　アゴ、ちょっと来い！」

俺は力道山に遠慮会釈なくこう呼ばれた。名前なんか全然呼んでくれない。どこへ行っても、

「アゴ！」「おい、アゴ！」

こればかり。完全無給の雑役夫《ざつえきふ》ですから、力道山にスカウトされて日本に帰ってきたその頃は……。

人の一番気にしていることで毎日呼びつけられて、俺はますますコンプレックス地獄だった。それ以来、ずっとコンプレックスのカタマリだったと言ってもいい。参議院議員になったいまだってコンプレックスはある。

まず学歴がない。日本の社会はなんといっても学歴社会だから。それに勉強は徹底して大嫌いだったから、授業はエスケープばかり。そのツケがいま回ってきて、難しい字を書くのに苦労する。字だって人様に自慢できるほど上手じゃない。

プロレスをやってる時はそんなもん全然関係なかったけど、やはり〝国会議員〟となるとそうはいかない。でもそんなものは、これから勉強すれば十分補える。その自信もあります。

でもね、いくら自分が努力しても直せないコンプレックス、これはこたえる。とくに若い時は深刻だ。はたから見るとどうってことないことでも、本人にとってはものすごく深刻な問題だったりする。

俺の場合は〝アゴ〟だ。

あれは一六歳の時だ。突然、アゴがズンズン長くなってきた。ちっちゃい時はまん丸の顔だったのに。

その頃、俺はブラジルにいた。一四歳で家族とともにブラジルに移住したんだけど、住んでいたところは大都市サンパウロから八〇〇キロもある奥地。汽車で最寄りの駅まで一昼夜かかり、そこからさらにトラックで二～三時間。ケーブルカーみたいな山岳電車で、ゴトゴトと行くんだからそれはもう時間がかかった。

あたり一面はコーヒー畑とサトウキビ畑ばかりの渺茫《びょうぼう》たる世界。色気を気にする環境でもなかったけれど、そこはそれ青春時代だもの。自分の顔がやたら気になるじゃない。当然、まわりの人にからかわれるしね。

そして一七歳で力道山にスカウトされて日本にやってきたら、力道山は「アゴ！」

としか呼んでくれない。

俺のコンプレックス地獄は泥沼だった。（俺はもう、一生結婚できないんじゃないか？）って本気で考えたし、これは死んだほうがましだってくらいに悩んだよ、いっちょ前に……。

それである時、力道山に内緒である大学病院で検査をしてもらった。結果は「これは遺伝的なものだから、どうにもならない」という冷淡な返事。俺はもう、目の前が真っ暗になった。

でも、その医者がいい人で、俺にこう言ってくれた。

「病気じゃないんだから、何も恥じることはない。それに、君はこれからプロレスラーとして天下を取るつもりなんだろ？　それならなおのこと、その長いアゴは人気商売にもってこいだ。どうしてかって、君のその顔は一回見れば絶対忘れられない顔だから……」

むろんその時は腹の中で（コンチキショー）と思ったよ。俺の顔を笑いものにしてふざけてやがる――と。アリと試合をした時も、アリが俺のこと〝ペリカン〟てニックネームをつけて、その時もコンチキショーと思ったけど、その時医者の言葉を思い出して、冗談じゃねぇや、俺は絶対に世界のスターになる、と開き直った。

それに、力道山に「アゴ、アゴ」とこき使われていた頃から、（いつかは俺だって）と闘志を燃やしていたんだ。おかげ様でその後は、世界のどこへ行っても俺の顔、絶対に覚えていてくれる。「あのモハメド・アリと戦ったあのアゴか」という感じで。国会議員になって、いろいろな国の大統領の就任式とかで海外に行くことが以前より増えたけど、二回目にはちゃんと覚えていてくれる。キューバのカストロ首相しかり、ソ連のバグダーノフ将軍しかりでね。

コンプレックスというのは、本人にとっては本当に辛い。でも俺のように、自分では零点、いや、マイナス点だと思って悩んでいたことが逆に大プラスになることだってある。このアゴのおかげで。つまり、コンプレックスをバネにすることができれば、これほど強いものはないんだ。

コンプレックスを知らない人間（俺はあえてこう言う）、大なり小なりコンプレックスを持たない人間というのはこの世に存在しないと俺は思う。

それなのに「俺にはコンプレックスはない」と言い切る人間がいたら、俺はぜひお目にかかりたい。そういう人は、徹底的に自分のコンプレックスというものと向き合ったことのない人間だと思う。そういう人は俺は好きじゃない。そういうタイプの人間は、人の痛みを感じない鈍い奴だと思う。

自分の劣等感をまず意識してほしい。勇気がいることかもしれないけど、それをごまかさないでほしい。少なくとも、外面的に取りつくろってコンプレックスを打ち消すようなことはしてもらいたくない。

なぜかと言えば、徹底的に自分の劣等感というものと向き合った人ほど、「いまに見ていろ」「いつか見返してやる」というエネルギーが強く働く。体の底から湧き上がってくる、こういうエネルギーこそ強くて本物だと思うんだ。ところが自分の心にごまかしがあるとエネルギーは弱い。つまりバネにならないんだ。

そしてもっと悪いのは、コンプレックスを持っていてもなんの努力もしないで平気でいられる奴だ。

さっきも言ったように、俺は文章を書くのが苦手だ。同じ文章を書くのでも、人

徹底的に自分の劣等感というものと
向き合った人間ほど、
エネルギーが強く働く。
こういうエネルギーこそ
強くて本物だと思う。

より数倍の時間がかかるわけ。バカだよね。でも俺は、もっとうまく字を書こう、ていねいに書こうと努力する。そんな俺に向かって、「猪木さん、字なんて読めればいいんだよ、気にするなよ」と言ってくれる人がいる。俺のヘタな字を慰《なぐさ》めてくれているのだとは思うけど、俺にしてみればよけいなお世話だ。字はヘタクソより上手なほうがいいに決まっている。だからこそ、もっとうまくなろうと努力する。この努力が尊いのだし、俺もこの努力をずっと続けていくつもりだ。

国会の予算委員会で、初めて質問に立った時はものすごく緊張した。初登庁した時も、俺は本当にやっていけるのかって、すごく考え込んだけれど、代表質問の時はそれ以上だった。

俺はもともと劣等感のカタマリだから、意外かもしれないが人よりよけいに緊張するたちだ。俺はレスラーとして、数え切れないぐらいリングに上がってきたけれど、試合前にだって緊張しなかったことは一度としてなかった。大勝負の前など、それこそどこかに逃げ出したくなることだって正直言ってあったんだ。

それでも質問用の原稿は俺が自分で作る。

時間がかかるし、苦労もするけど、その苦労がなくっちゃ反発のエネルギーが湧いてこない。

俺は自分の劣等感を底から引きずり出して対面した結果、逆に自分の武器にすることができた。

自分のコンプレックスを面白がるくらいの根性が据《す》わったら、何でも面白くなってくるはずだ。

※25　「鉄人」の異名を持ち、74歳まで58年間現役生活を続けた、20世紀を代表するプロレスラー。

＊本書は一九九〇年九月に小社より新書判で刊行されたものを
再編集し、文庫化したものです。

青春文庫

最後《さいご》に勝《か》つ負《ま》け方《かた》を知《し》っておけ。

2022年6月20日　第1刷
2022年10月25日　第3刷

著　者　アントニオ猪木《いのき》

発行者　小澤源太郎

責任編集　株式会社プライム涌光

発行所　株式会社青春出版社

〒162-0056　東京都新宿区若松町 12-1
電話 03-3203-2850（編集部）
03-3207-1916（営業部）
振替番号　00190-7-98602

印刷／大日本印刷
製本／ナショナル製本
ISBN 978-4-413-29806-3